Lohmann/Prose
Organisation und Interaktion
in der Schule

pocket wissenschaft

Christa Lohmann/
Friedemann Prose

Organisation und Interaktion in der Schule

Möglichkeiten und Grenzen des Diskurses

Kiepenheuer & Witsch

Herausgeber des vorliegenden Bandes:
Klaus R. Scherer, Gießen

Redaktion:
Renate Matthaei

ISBN 3 462 01100 6

Umschlag: Hannes Jähn, Köln
Satz: wico grafik, St. Augustin 1/Bonn
Druck und Buchbinder: Clausen & Bosse, Leck
Printed in Germany 1975

Inhaltsverzeichnis

Einleitung

Eine Reihe von Schultheorien haben bis in die letzten Jahre hinein nach einem zeitlosen Wesen der Schule gefahndet, das das ‚pädagogisch Eigentliche' verkörpere, ohne zu übereinstimmenden Resultaten zu gelangen – ein Hinweis auf die Fragwürdigkeit dieses Ansatzes. Andere Autoren legen Schultheorien vor, die sich als Rechtfertigungslehren überkommener Schulverhältnisse entlarven oder als programmatische Verteidigungsschriften von Veränderungen einzuordnen sind.

In einem gründlichen Überblick über Schultheorien resümiert Kramp (1973, S. 76), „daß in der gesamten deutschsprachigen Literatur der letzten siebzig Jahre zwar einige mehr oder minder ausgereifte Entwürfe zur wissenschaftlichen Deskription, Analyse und Kritik gewisser *Ausschnitte* der Schulwirklichkeit von zeit-räumlich meist sehr begrenzter Reichweite vorgelegt, nirgends jedoch auch nur Umrisse einer ‚Theorie *der* Schule' sichtbar geworden sind, die diese anspruchsvoll-umfassende Bezeichnung sachlich wie formal annähernd rechtfertigten". Nach Meinung kritischer Vertreter der Erziehungswissenschaft muß diese Disziplin den Anspruch aufgeben, allein für eine wissenschaftliche Analyse der Schule kompetent zu sein. Das bisherige Versagen der Schulpädagogik, eine bündige Schultheorie aufzustellen, ist in starkem Maße darauf zurückzuführen, daß Schule als ein höchst komplexes Phänomen nur als Gegenstand interdisziplinärer Forschung behandelt werden kann. Beiträge aus den Nachbarwissenschaften der Pädagogik sind unersetzlich geworden, weil sie Funktionen und Strukturen von Schule aufgedeckt haben, die in der pädagogischen Diskussion vorher kaum beachtet wurden: z. B. Zusammenhänge zwischen bestimmten Interaktionsformen und Konflikten, zwischen sozialer Herkunft, Motivation und Schulerfolg, zwischen Organisation und Lehrerrolle. Die einschlägigen empirischen und theoretischen Studien verdeutlichen den Aspektcharakter, unter dem Schule betrachtet werden muß. Um die verschiedenen

Forschungsrichtungen und Fragestellungen anzudeuten, sollen vorhandene Definitionen und Beschreibungen von Schule aus der Erziehungswissenschaft, der Soziologie (insbesondere der Organisations-, Bürokratie- und Sozialisationsforschung), aus der Sozialpsychologie und Bildungsökonomie kurz einander gegenübergestellt werden: W. Schulz (1967), ein Vertreter der Didaktik und Unterrichtsforschung, definiert Schule als Sicherungssystem für Unterricht: Schule ist „eine Institution der Gesamtgesellschaft oder gesellschaftlicher Gruppen . . ., in der speziell Unterricht, aber auch andere Formen pädagogisch gemeinter Einflußnahme, relativ unabhängig vom Wechsel der Lehrenden und Lernenden organisiert sind“ (S. 51).

Unter ökonomischem Aspekt ist Schule ein „Betrieb, in dem mit Hilfe produktiver Faktoren (Input = Lehrer, Lehr- und Betriebsmittel, Schüler, Gesetzgeber und Schulbehörde) Güter immaterieller Art (Output = Wissen, Haltungen usw.) produziert werden“ (Posch 1967, S. 221).

Für Ellwein (1964) ist die Schule „die verwaltete Schule“, „als sie in für das Schulleben entscheidenden Elementen nach Verwaltungsgesichtspunkten strukturiert ist, . . .“ (S. 213). Aus soziologischer Perspektive bestimmt Schulenberg (1970) die Schule als eine gesellschaftlich-historische Einrichtung. Während sie früher nur eine „Institution zur Tradierung von Kenntnissen und Fertigkeiten“ war, ist sie heute primär ein „Instrument gesellschaftlicher Steuerung“ (S. 415). Hier klingt sowohl der Charakter der Schule als Organisation an als auch die These Schelskys (1957) von der Schule als Sozialchancenverteiler: „Die Schule als primäre, entscheidende und nahezu einzige soziale Dirigierungsstelle für Rang, Stellung und Lebens-Chancen des einzelnen in unserer Gesellschaft“ (S. 18). Weitergeführt wird dieser Gedanke von Feldhoff (1969): „Sie (die Schule) vollzieht mit der Durchsetzung ihrer Zugangs- und Erfolgskriterien soziale Selektion . . . . Die schulische Selektion, die auf hierarchisch geordnete Berufskarrieren in einer Leistungsgesellschaft zugeschnitten ist, fungiert als soziale Selektion, wenn und soweit ihre Kriterien und Mechanismen die Ungleichheit der sozialen Chancen selbst repräsentieren“ (S. 688 f.).

Die Sozialpsychologie schließlich versteht Schule als Interaktionsfeld, in dem die Beziehungen zwischen Lehrern und Schülern, Schülern und Schülern sowie die Verteilung von Rollen und Macht entscheidende Momente sind (vgl. z. B. Getzels 1969). Zum gegenwärtigen Zeitpunkt muß die Frage offen bleiben, ob die Fülle möglicher Perspektiven aus den verschiedenen Disziplinen in einer umfassenden Theorie der Schule verarbeitbar ist. Auf jeden Fall ist es erforderlich, soweit möglich, die Beiträge verschiedener Disziplinen zu integrieren, gemeinsame Bezugspunkte des Erkenntnisinteresses zu finden, Überschneidungen und Ergänzungen zu ermitteln. Dies scheint um so eher möglich, als fast alle Sichtweisen, so heterogen sie zunächst wirken, konvergent werden in ihrer Ausrichtung auf eine mehr oder weniger deutliche Definition von Zielen oder Funktionen der Schule. Es dürfte kaum eine wissenschaftliche Auseinandersetzung mit dem Phänomen Schule geben – sei es als soziologische Analyse der Institution, als sozialpsychologische Erforschung interaktiver Beziehungen oder als didaktische Studie –, in der nicht, explizit oder implizit, die Frage nach der Zielsetzung von Schule, Lernen oder Erziehung enthalten wäre. Mit dieser Feststellung allein ist das Problem jedoch keineswegs überschaubar geworden. Die Ziel-Diskussion ist eine ausgesprochen diskontinuierliche Diskussion, und eine Zusammenstellung der von verschiedenen Autoren formulierten Ziele nimmt fast schon Katalogcharakter an. Der auffallende Mangel an Koordination verbindet sich zusätzlich mit einem weitgehenden Verzicht auf Begründungszusammenhänge für die Wahl bestimmter Ziele, die nicht selten mit dem Anspruch absoluter Geltung formuliert werden. Dem Anspruch auf Allgemeingültigkeit halten wir entgegen, daß es sich bei Zielentscheidungen im Bereich Schule immer um gesellschaftlich-historisch bedingte Setzungen handelt, die die aufgrund spezifischer Machtkonstellationen in einer Gesellschaft jeweils dominierenden Werte und Normen widerspiegeln. Der gesellschaftliche Kontext muß daher als Bezugspunkt bei allen Diskussionen über realisierte und angestrebte schulische Ziele mitgedacht werden.

Für die Autoren der vorliegenden Schrift ist die

Schule der Bundesrepublik nach dem Grundgesetz Bestandteil eines demokratischen und sozialen Bundesstaates (Art. 20), und ihre Funktion für diesen Staat besteht darin, unter den von der Verfassung geforderten Bedingungen Individuen zu erziehen und auszubilden, die, immer gemessen am Verfassungsanspruch, in der Lage sind, die Gesellschaft zu (re-)produzieren und ihre Weiterentwicklung zu betreiben.

Diese Formulierung schließt ein, daß wir für die Gesellschaft der Bundesrepublik nicht von einer Kongruenz von Verfassungsanspruch und -wirklichkeit ausgehen. Wir sehen die Notwendigkeit, hier speziell für die Institution Schule, Soll und Ist miteinander zu vergleichen, Diskrepanzen zu benennen und konkrete Möglichkeiten zur Beseitigung der Diskrepanzen zu finden. Dabei ist sowohl zu überprüfen, ob die Schule als gesellschaftliche Institution in ihrem Aufbau demokratischen Bedingungen voll entspricht, als auch, ob sie Individuen erzieht und ausbildet, die die Verwirklichung einer Demokratie gewährleisten können. Die beiden genannten Aspekte lassen sich nicht streng voneinander trennen, denn was für das Funktionieren dieser sozialen Demokratie und damit für die Existenz ihrer Gesellschaft von jedem Mitglied der Gesellschaft gelernt werden muß, geschieht in der Schule und zugleich an der Schule als einem zentralen Ausschnitt gesellschaftlicher Wirklichkeit. Wir wollen daher die Fragestellung für uns dahingehend eingrenzen, daß wir zu ermitteln versuchen, inwieweit die Schule als Organisation bei ihren Mitgliedern Qualifikationen hervorbringt, die den Zielvorstellungen der Verfassung entsprechen bzw. welche Störungsquellen innerhalb der Organisation selbst zu Diskrepanzen führen. Zu diesem Zweck müssen die geforderten Qualifikationen näher beschrieben werden.

Wir gehen davon aus, daß soziale Demokratie ohne die Prämisse der Möglichkeit einer rationalen Sinnverständigung und gemeinschaftlichen Handelns Gleichberechtigter undenkbar ist. Daher postulieren wir mit Mollenhauer (1972, S. 42f): „Der Heranwachsende, der Educandus, soll im Erziehungsvorgang hervorgebracht werden als ein Subjekt, das zur Beteiligung am gemeinschaftlichen Leben fähig ist, und zwar nicht nur im Sinne einer funktionalen Handlungsfähigkeit, sondern auch im Sinne von Erkenntnisfähigkeit.

Für die Ebene alltäglicher Kommunikation heißt das, daß der Educandus hervorgebracht werden soll als ein Subjekt, das sich in gegebene Sinnzusammenhänge einfügen, die in diesen Zusammenhängen eingespielten Standards problematisieren, auf der Basis solcher Problematisierung zu neuem Konsensus und neuem Handeln fähig sein soll". Die so skizzierte Fähigkeit zum Diskurs als „Kritik aller unreflektierten sozialen Normen" (S. 64) bezeichnet Mollenhauer als legitimierende Dimension für alle pädagogischen Zielentscheidungen. Erziehung wird von ihm verstanden als „ein kommunikatives Handeln, dessen Ziel darin liegt, eine Kommunikationsstruktur zu etablieren, die den Erwerb von Fähigkeiten zum Diskurs ermöglicht" (S. 68).

Diskurs ist also das angestrebte Erziehungsziel, das nur als Ergebnis eines langen Lernprozesses zu erreichen ist. Wenn Diskurs als Problematisierung, Neudefinition von Normen und entsprechender Umorientierung Realität werden soll, so setzt dieser „metakommunikative" zwischenmenschliche Umgang den langfristigen Aufbau einer Kompetenz zur Interaktion voraus: soziale Wahrnehmung, Erfassung von Situationen und zwischenmenschlichen Beziehungen, Planung und Durchführung von Handlungen. Kehren wir zu unserer Annahme zurück, daß schulische Erziehung immer im gesellschaftlichen Kontext reflektiert werden muß, so wird klar, daß die Möglichkeit zum Diskurs und die Spielräume zur Etablierung von Interaktionsmustern in entscheidendem Maße durch gesellschaftlich-politische Begrenzungen beeinflußt werden. Diese Begrenzungen manifestieren sich am unmittelbarsten für die Mitglieder der Schule in der Struktur der Organisation Schule selbst, in ihrem System von Rollen, Normen, Machtausübung und den damit verknüpften Konfliktquellen. Diese Faktoren bilden den engsten Rahmen, in dem Diskurs und Interaktion möglich sind.

Wir haben die bisherigen Überlegungen angestellt, um das Feld abzustecken, in dem sich unsere weiteren Ausführungen bewegen: Schule wird verstanden als eine Organisation in einer dem Anspruch nach demokratischen und sozialen Gesellschaft. Das Erkenntnis leitende Interesse ist die Frage, welche Chancen die Schule als *Organisation* zum Erwerb von Diskurstüchtigkeit und der dafür vorausgesetzten Kompetenz zur *Interaktion* bietet bzw. wo sie Störungen und Deprivationen im Hinblick auf die formulierten Zielvorstellungen verursacht. Die Ergebnisse dieser Analyse wollen wir dazu benutzen, um konkrete und realisierbare Veränderungsmöglichkeiten aufzuzeigen.

Diskurs ist ein ideales Konstrukt. Störungen und Verzerrungen müssen als der historische Regelfall angenommen werden (Habermas 1971, S. 120: Mollenhauer 1972, S. 64). Gründe für Kommunikationsstörungen sind auf den verschiedensten Ebenen zu suchen: zu begrenzten individuellen Fähigkeiten und menschlichen Unzulänglichkeiten tritt speziell im erzieherischen Handeln der Unterschied zwischen den Generationen hinzu, der dem Erzieher den Vorsprung für die Definition von Situationen und die größere Einflußnahme verschafft. Eine weitere Eingrenzung von Spielräumen resultiert aus der Tatsache, daß pädagogische Praxis überwiegend im Rahmen institutionalisierter Erziehung und d. h. unter den Bedingungen weitgehend festgelegter Regeln erfolgt. Aus den genannten Gründen werden Störungen der Diskursmöglichkeiten nie völlig vermeidbar sein, aber die Begrenzungen der Spielräume müssen immer neu auf ihre Berechtigung und Notwendigkeit hin überprüft werden.

Der Begriff der Diskursfähigkeit selbst führt zu potentiell überprüfbaren Kriterien für die Gestaltung individuellen erzieherischen Handelns wie institutionalisierten erzieherischen Verhaltens, weil jedes Mitglied der Gesellschaft theoretisch die Möglichkeit hat, den Geltungsanspruch dieser Forderung durch eigenen praktischen Diskurs einzulösen. Es kann z. B. an die Schule die Frage richten, ob die Interaktionen, Methoden, Sublernziele oder Organisationsstrukturen die Ausbildung von Diskursfähigkeit als rationale Sinnverständigung befördern oder behindern.

Im Sinne der eingangs aufgezeigten Notwendigkeit kooperativer wissenschaftlicher Bemühungen wird die Studie als interdisziplinäre Arbeit angegangen. Dabei werden vor allem theoretische und empirische Forschungen aus der *Erziehungswissenschaft*, der Sozialpsychologie, besonders der *Interaktionsforschung*, und der Soziologie, besonders der *Organisationssoziologie*, herangezogen. Die Erziehungswissenschaft muß die Rolle des Anwalts übernehmen, die die von den anderen Wissenschaften gelieferten Befunde daraufhin überprüft, ob sie im Sinne der optimalen Entwicklung des Individuums ausfallen, also Diskursfähigkeit fördern, oder ob sie Entfaltungs- und Handlungsspielräume beschneiden.

Wir sind uns darüber klar, daß wir nicht die ‚ganze Schule' skizzieren, wir erheben nicht einmal in den von uns untersuchten Gebieten den Anspruch der Vollständigkeit. Wir haben jedoch die Hoffnung, daß unsere Arbeit entsprechend den für Schule definierten Zielvorstellungen zentrale Gebiete betrifft, die Daten verschiedener Fachgebiete integrativ verarbeitet und, daran liegt uns viel, zumindest in den ausgewählten Bereichen über die Abstraktion hinaus zu konkreten schulpraktischen Veränderungsvorschlägen gelangt.

1. Schule als Organisation

1.1. Definitionsmerkmale einer Organisation

Gesellschaftliche Einrichtungen, die in der Organisationssoziologie als Organisation bezeichnet werden, müssen nach dem Forschungsstand der letzten Jahre bestimmte Merkmale aufweisen. R. Mayntz (1963) nennt folgende Charakteristika: „Gemeinsam ist allen Organisationen erstens, daß es sich um soziale Gebilde handelt, um gegliederte Ganze mit einem angebbaren Mitgliederkreis und interner Rollendifferenzierung. Gemeinsam ist ihnen zweitens, daß sie bewußt auf spezifische Zwecke und Ziele orientiert sind. Gemeinsam ist ihnen drittens, daß sie im Hinblick auf die Verwirklichung dieser Ziele oder Zwecke zumindest der Intention nach rational gestaltet sind. In dem Maße, wie diese drei Definitionsmerkmale des Gebildecharakters, der spezifischen Zweckorientierung und des Organisiertseins erfüllt sind, kann man von einer Organisation sprechen" (S. 36).

Mit der Angabe dieser Merkmale ist zweifellos nur eine Minimaldefinition gegeben, die sich auf die allen Organisationen gemeinsamen Kennzeichen beschränkt. Sie läßt im Einzelfall völlig offen, um welche Ziele es sich handelt, welche Mittel zur Verfügung stehen, nach welchen Kriterien das Organisiertsein, d. h. die rationale Planung beschrieben werden kann. In der soziologischen Literatur wie in der soziologisch und gesellschaftspolitisch orientierten Schulpädagogik besteht inzwischen Übereinstimmung darüber, daß Schule im Sinne der angeführten Definition eine Organisation ist, die die genannten typischen Grundzüge eines größeren organisierten Sozialsystems aufweist (z. B. Katz 1964; Bidwell 1965; Fürstenau 1969; Peter 1973).

1.1.1. Mitglieder und Rollen

Schule als soziales Gebilde oder gegliedertes Ganzes mit angebbarem Mitgliederkreis und interner Rollendifferenzierung umfaßt im allgemeinen die nach Altersjahrgängen und

Klassen aufgeteilte Schülerschaft, die nach Haupt- und Nebenberuflichkeit, Fachrichtungen oder Klassenstufen zu unterscheidende Lehrerschaft unter der Leitung eines Schulleiters, das Verwaltungspersonal und den Hausmeister. Die interne Rollendifferenzierung ergibt sich aus den verschiedenen Aufgaben von Schule. Die Schulleitung ist für die Durchführung von Unterricht und für die Verwaltung der Schule verantwortlich. Die Erfüllung der Unterrichtspflicht obliegt den Lehrern, die Verwaltungsarbeit wird in allen größeren Systemen weitgehend von Verwaltungskräften erledigt. In jeder Schule muß der Hausmeister für die Wartung des Gebäudes sorgen. Zur Schülerrolle gehört z. B. die Teilnahme am Unterricht und die Einfügung in die Schul- und Hausordnung. Diese zunächst rein formale und grobe Beschreibung der internen Rollendifferenzierung soll lediglich dokumentieren, daß Schule in diesem ersten Punkt der Minimaldefinition einer sozialen Organisation entspricht. Was interne Rollendifferenzierung inhaltlich und im einzelnen bedeutet, muß erst noch problematisiert werden. Nach der traditionellen Rollentheorie ist eine soziale Rolle durch die an eine Position geknüpften Erwartungen im Hinblick auf bestimmte Verhaltensmuster definiert. Der Rolleninhaber muß die entsprechenden Verhaltenserwartungen wahrnehmen und rollenkonform erfüllen können. Die Tatsache, daß eine differenzierte Gesellschaft den einzelnen in sehr verschiedene Rollen drängt und damit unter Umständen sehr divergierenden Verhaltenserwartungen ausliefert, hat zu einer Revision dieses Rollenbegriffes geführt, die dem Problem der personalen Identität gerecht zu werden versucht. Die im Gefolge des symbolischen Interaktionismus formulierte kritische Rollentheorie postuliert Spielräume zwischen Erwartungen und Verhalten, zwischen der Definition der Rolle und deren Interpretation durch die Handelnden und zwischen den Rollennormen und individuellen Bedürfnisdispositionen. Wenn diese Spielräume beschnitten oder generell nicht geduldet werden, muß ein Individuum – wie in totalen Institutionen, z. B. beim Militär oder in psychiatrischen Anstalten – eine einmal definierte Rolle übernehmen, sich dementsprechenden Rollenerwartungen und vorgeschriebenen Möglichkeiten der Bedürfnisbefriedigung unterwerfen und in vorher festgelegtes Handeln umsetzen. Wenn die Spielräume dagegen geduldet werden oder erwünscht sind, kann der einzelne die Gestaltung seiner Rolle mitbestimmen, indem er Normen und Situationen nach seinen Voraussetzungen und eigenen Bedürfnissen interpretiert (Kramp 1973; Mollenhauer 1972, z. B. S. 90 ff.). Eine solche Verhaltensweise gilt als Fähigkeit zur Rollendistanz. Sie ermöglicht, einen Verhaltensmodus zu finden, der fremde Erwartungen und eigene Einstellungen kompromißhaft integriert. Ohne diese Distanz könnte eine Rollenübernahme niemals die Chance zu personaler Identität und autonomer Verhaltenskontrolle bieten.

Rollendistanz bedeutet zugleich die permanente Möglichkeit zum Rollenkonflikt, weil die postulierten Spielräume, die für die Rollendefinition bestehen, durch eigene Interpretation immer erst ausgefüllt werden müssen. Weitere Konfliktmöglichkeiten resultieren daraus, daß es – z. B. nach den Untersuchungen von Biddle et al. (1964) – keine Konzeption der Lehrerrolle gibt, die für die verschiedenen Bezugsgruppen einheitlich ausfällt. Die Lehrerrolle wird vielmehr durch eine Vielzahl einander widersprechender Erwartungen beschrieben (Lange-Garritsen 1972). Je nachdem, ob man die Erwartungen der Eltern oder Schüler, der Schulverwaltung oder der Lehrer selbst analysiert, ergeben sich verschiedene Erwartungsmuster. Die Ambiguität dieser Erwartungen an den Lehrer kann leicht zu Rollenkonflikten führen, z. B. im Falle der Nichtübereinstimmung des Rollenträgers (Lehrer) mit wichtigen anderen Personen wie dem Schulleiter oder im Falle der Nichtübereinstimmung zwischen verschiedenen Gruppen wie Eltern und Schulbehörde in bezug auf die Lehrerrolle. Konflikte können sich für den Lehrer auch noch dadurch ergeben, daß z. B. die Erwartungen der Ehefrau hinsichtlich gemeinsamer Freizeit und die Erwartungen der Kollegen hinsichtlich Engagement in Fachgruppen miteinander kollidieren. Die zentrale Antinomie aber für den Lehrer selbst, die seine Berufskonzeption strukturiert und dafür ganz unterschiedliche Rolleninterpretationen zuläßt, steckt in der Frage nach dem eigentlichen Klienten seines beruflichen Tuns: Sind es die gesellschaftlichen Abnehmergruppen der Schulabsolventen (der Staat), oder sind es die Schüler (Reinhardt 1972)? Den Erwartungen bestimmter gesellschaftlicher Gruppen, z. B. der Arbeitgeber, entspricht der Lehrer, wenn er die Sozialisation der noch nicht Erwachsenen zum Fortbestand der Gesellschaft nach den Regeln eben dieser gesellschaftlichen Gruppen betreibt; den Erwartungen anderer gesellschaftlicher Gruppen, z. B. auch der Jugendlichen selbst, entspricht er, wenn er die erzieherische Aufgabe an den Bedürfnisstrukturen der Jugendlichen und den sozialen Erfordernissen gesellschaftlicher Weiterentwicklung orientiert.

Entscheidend in diesem Zusammenhang ist der schon genannte Nachweis, daß es für die unterschiedlichen Rollenerwartungen an den Lehrer keine eindeutige Rollendefinition im Sinne ausschließlicher Vorschriften gibt, daß er also Spielräume für die Gestaltung seiner Rolle und damit auch für seine personale Identität hat (Heckel 1966, S. 398 ff.). Auch die Rollenprobleme der anderen Mitglieder in der Organisation Schule resultieren aus widersprüchlichen Erwartungen und führen deshalb zu divergierenden Interpretationen. Die Schülerrolle existiert z. B. zwischen den offiziellen Erwartungen der Lehrer an seine Verhaltensanpassung und Lernleistung und den eigenen Wünschen der Schüler nach Selbständigkeit und Mitverantwortung im Lernprozeß. Der Widerspruch für den Schüler kann aber auch zwischen den Lehrererwartungen und den Interessen seiner im allgemeinen gerade nicht auf schulische Leistung ausgerichteten peers bestehen (Gordon 1965[3]). Der Schulleiter, um ein letztes Beispiel zu geben, kann seine Rolle im Erwartungshorizont der Schulaufsicht oder in dem der Lehrerschaft sehen. Das eine Mal entwickelt er die Verhaltensmuster eines Verwaltungsbeamten, das andere Mal interpretiert er seine Rolle als pädagogisch-didaktischer Berater.

1.1.2. Zwecke und Ziele

Ein weiteres Kennzeichen einer Organisation ist ihre bewußte Ausrichtung auf spezifische Zwecke und Ziele. Im Unterschied zu jeder betrieblichen Organisation ist für Schule ‚diversification' charakteristisch, d. h. daß ihre Ziele und Zwecke weder eindeutig noch einheitlich definiert sind (Katz 1964). Wir haben in der Einleitung bereits Proben verschiedener Zielformulierungen für die Schule kennengelernt.

Für unseren Zusammenhang ist es wichtig, daß sich viele der Zielformulierungen, wenn man sie unter systematischen Kategorien zu fassen versucht, wenigstens der Tendenz nach zwei Richtungen zuordnen lassen: einer mehr technokratischen bzw. einer mehr an den Bedürfnissen von Individuen oder Gruppen von Individuen ausgerichteten. Schule wird demnach entweder als öffentliche Sozialisationsagentur zur Steuerung gesellschaftlicher Entwicklung verstanden (z. B. Schulenberg 1970), d. h. als eine optimale Organisation von Lernprozessen, über die Qualifikationen im Sinne des Berechtigungswesens erworben werden können (z. B. Groothoff 1972). Oder die Schule versteht sich als „Hilfe an der Bildung zu Zwecken der Selbstverwirklichung des Menschen als Individuum, aber auch als Gesellschaftsmitglied . . ." (Groothoff 1972, S. 130), was ein erweitertes Verständnis von Lernen als Hilfe sozialer Selbstbestimmung einschließt.

Von der Zieldiskussion her können wir eine unmittelbare Verbindung zur Problematik der Lehrerrolle herstellen. Die Frage, ob der Lehrer seine Rolle von den Erwartungen bestimmter gesellschaftlicher Gruppen oder von denen der Jugendlichen her zu definieren habe, ist nur eine andere Umschreibung für die an Qualifikationen bzw. am Individuum orientierten Ziele der Schule. Aus der zugrundeliegenden Antinomie, die historisch seit langem bekannt, besonders in der Pädagogik der zwanziger Jahre deutlich formuliert wurde, ergeben sich weitere Antinomien, die heute vor allem in soziologischer oder sozialpsychologischer Terminologie beschrieben werden. Wenn Schule

Selektion zum Ziel hat, orientiert sich der Lehrer am allgemeinen gesellschaftlichen Leistungsprinzip und beurteilt seine Schüler nach Kriterien einer ‚objektiven' Gerechtigkeit. Wenn er dagegen die Förderungsfunktion der Schule im Auge hat, versteht er sich als Vermittler sozialer und intellektueller Fähigkeiten, Fertigkeiten und Kenntnisse, die er nach den individuellen Erfordernissen der Schüler bemißt. Sobald Sachforderungen im Mittelpunkt des Unterrichts stehen, werden vom Lehrer andere Einstellungen erwartet, als wenn er soziale Lernprozesse initiieren und unterstützen will.

Die Alternative zwischen Fördern und Auslesen ist – unter systematischer Fragestellung – prinzipiell offen, durch die historische Entwicklung unseres Schulwesens aber eindeutig zugunsten der Selektion entschieden worden. Auslese ist das entscheidende, durch die organisatorische Struktur der Dreigliedrigkeit (Trennung nach Hauptschule, Realschule, Gymnasium) bedingte Charakteristikum des überkommenen Schulwesens, das Auswirkungen auf die gemeinhin praktizierte Rollendefinition des Lehrers hat. Es besteht die gleiche antinomische Struktur, ob man mögliche Zielsetzungen von Schule oder mögliche Interpretationen der Lehrer- und Schülerrolle analysiert. Wenn man die widersprüchlichen Zielsetzungen der Selektion bzw. Förderung, der Anpassung des Schülers an die Gesellschaft bzw. dessen persönliche Identitätsbildung einander gegenübergestellt, sind damit zugleich auch Lehrerrollen beschrieben. Darüber hinaus taucht ebenfalls der schon erwähnte Widerspruch zwischen den Definitionen verschiedener Rolleninhaber auf, z. B. wieder zwischen Lehrer und Schüler. Unter dem Selektionsaspekt ist die Frage nach der Definition einer Situation ausschließlich zugunsten des Lehrers beantwortet. Sein schon durch die generationsbedingte Zuordnung der Grundrollen bestehendes Übergewicht in der Interaktion mit dem Schüler wird durch die institutionellen Bedingungen noch offiziell abgesichert.

1.1.3. Rationalisierung

Zur Minimaldefinition einer Organisation nach R. Mayntz zählt als letztes Merkmal deren – wenigstens der Intention nach – rationale Gestaltung. Dazu gehören im Bereich der Schule alle Phänomene der systematischen Aufgabenverteilung und Arbeitsteilung, z. B. das Prinzip der Jahrgangsklassen und Klasseneinteilung mit Zuordnung von Klassen- und Fachlehrern, die Arbeit der Lehrerschaft in Fach- und Gesamtkonferenzen mit verschiedenen Aufgaben, die nach bestimmten Kriterien vorgenommene Zensurengebung samt Versetzungen und Berechtigungen sowie insgesamt die routinemäßige Behandlung von Problemen.

Außer der überschaubaren Gliederung und Gestaltung der einzelnen Schule gehört in diesen Zusammenhang auch ihre Stellung im Rahmen der gesamten Schulverwaltung von der obersten Schulaufsicht bis hin zur konkreten Einzelschule. Die Tatsache, daß die einzelne Schule Teil eines umfassenden Verwaltungsapparates ist, hat sie im Rahmen der Organisationssoziologie zunächst zum Untersuchungsgegenstand für die Bürokratieforschung prädestiniert, die für die Schule starke Affinitäten zur *bürokratischen Verwaltung* aufgezeigt hat. Schulwesen und damit Schule ist nach den Prinzipien organisiert, die M. Weber (1922) dem Idealtyp der modernen Bürokratie zuerkennt und die in der Organisationsanalyse seither als die Charakteristika des sogenannten klassischen oder formalen Organisationsmodells gelten. Dazu gehören (S. 125 ff.): 1. „das Prinzip der Amtshierarchie, d. h. die Ordnung fester Kontroll- und Aufsichtsbehörden . . .“. 2. das Prinzip der Amtskompetenzen, d. h. a) „einen kraft Leistungsverteilung sachlich abgegrenzten Bereich von Leistungspflichten-, b) mit Zuordnung der etwa dafür erforderlichen Befehlsgewalten und c) mit fester Abgrenzung der eventuell zulässigen Zwangsmittel und der Voraussetzung ihrer Anwendung.“ 3. das Prinzip der Regeln und Verfahrensvorschriften wobei es sich ebenso um technische Regeln wie um Normen handeln kann.

Weitere Merkmale einer bürokratischen Organisation sind nach Weber u. a.: die (möglichst durch

Prüfung festgestellte) fachliche Qualifikation der Mitarbeiter; die Laufbahngarantie mit Beförderung nach Alter und Leistung, letzteres abhängig vom Urteil des Vorgesetzten; monokratisches Einzelbeamtentum im Gegensatz zur Kollegialität. Da Schule nach dem Urteil der meisten Wissenschaftler, die sich unter organisatorischer Fragestellung mit ihr beschäftigt haben, in entscheidenden Elementen nach diesen Prinzipien einer formalisierten, bürokratischen Verwaltung gestaltet ist, gilt „das Schulwesen als eine der Erziehung und Bildung dienende Bürokratie" (Fürstenau 1969, S. 47). Als Beleg sollen die Weber'schen Charakteristika kurz interpretiert und übertragen werden.

Das Prinzip der *Amtshierarchie* ist Strukturmerkmal für die Gliederung der gesamten Schulverwaltung wie der einzelnen Schule. Deren Instanzen bzw. Rollen sind nach dem System der Unter- und Überordnung gegliedert, bis eine Instanz bzw. Rolle erreicht ist, die keiner anderen untergeordnet ist (Thompson 1968). Im Rahmen der Schulverwaltung verkörpert die oberste Schulaufsicht diese hierarchische oder Amtsspitze, im Rahmen der einzelnen Schule ist es die Schulleitung. Eng mit dem hierarchischen Prinzip gekoppelt ist die Frage der genau abgegrenzten *Kompetenzen*. Obere Instanzen und Kräfte sind befugt zu entscheiden, anzuordnen und zu kontrollieren – z. B. der Schulleiter –, untere Instanzen und Kräfte müssen Anweisungen ausführen und sich der Kontrolle unterziehen – z. B. die Lehrer – (Fürstenau 1969). Die Kombination von Amtshierarchie und Kompetenz schafft damit ein Statussystem, das die ranghöheren Instanzen und Rollen vorwiegend mit Rechten ausstattet, die rangniederen vorwiegend mit Pflichten. Damit entspricht die Ordnung der personalen Beziehung dem Prinzip der vertikalen Kommunikation, bei dem die Anordnungsbefugnisse einlinig nur von oben nach unten gerichtet sind. Das Gegenstück zu dieser Kommunikationsmonopolisierung ist die Pflicht der unteren Rollenträger zur Einhaltung des Dienstweges. Nach Thompson ist der hierarchischen Gliederung von Rollen immer ein charismatischer Zug eigen. Es wird unterstellt, daß der Vorgesetzte auf jeder Stufe der Hierarchie in der Lage ist, seinen

Untergebenen zu sagen, was zu tun ist, und sie bei der Ausführung zu leiten; daß er alle in seiner Einheit anfallenden Tätigkeiten besser beherrscht als jeder seiner untergeordneten Spezialisten. Die Auffassung, der Vorgesetzte sei für die Ergebnisse verantwortlich, unterstellt die Fähigkeit, sie hervorbringen zu können (Thompson 1968). Amtshierarchie und einseitige Kompetenzbefugnis sind Merkmale der Schule als Bürokratie, die nachträglich Mollenhauers Beschreibung der Erziehung „als hierarchische Verzerrung denkbarer Symmetrie der Kommunikationen" rechtfertigen (S. 64).

Diese Beschreibung von Erziehung verweist nachdrücklich auf den inneren Bedingungszusammenhang zwischen Organisationsmerkmalen und Kommunikationsmöglichkeiten, der uns bei unseren Untersuchungen vorrangig beschäftigt.

Das Prinzip der Regeln und Verfahrensvorschriften ist im heutigen Sprachgebrauch der Organisationssoziologie mit dem Prinzip der *Formalisierung* gleichzusetzen. Die in einer Organisation ausgeübten Tätigkeiten werden durch organisatorische Dauerregelungen bestimmt und nicht durch provisorische Anordnungen oder einmalige Einzelverfügungen (Mayntz 1963, S. 86). Solche vorweg festgelegten Verfahrensvorschriften sind Rationalisierungsmaßnahmen. Sie ersparen Zeit und Anstrengung, die nötig wären, wenn für jedes Problem neue Lösungen gefunden werden müßten. So werden Schüler jahrgangsweise eingeschult, Arbeiten von einer bestimmten Fehlergrenze an als nicht mehr ausreichend bewertet, Schüler mit zwei Fünfen im Zeugnis nicht versetzt u. a. m.

Schule, so kann die Zusammenfassung der vorangegangenen Überlegungen heißen, entspricht den Anforderungen an die Minimaldefinition einer Organisation und ist damit im soziologischen Wortgebrauch eine Organisation. Da Schule überdies in entscheidenden Elementen nach dem Vorbild einer formalisierten Bürokratie verwaltet wird, ist sie eine spezifisch bürokratische Organisation.

1.2. Bürokratische Organisation und Erziehungsziele

Die Rede von der bürokratischen bzw. verwalteten Schule ist in der wissenschaftlichen Diskussion fast schon zum Stereotyp geworden (Becker 1956; Ellwein 1964; Lorenz/Paul 1972; Rumpf 1960 u. a.). Damit ist die Gefahr eines schematischen Urteils verbunden, das dem komplexen Phänomen Schule nicht voll gerecht werden kann. Wir müssen uns deshalb mit der Literatur über die verwaltete Schule noch genauer auseinandersetzen. Deren zentrales Thema sind jene Antinomien oder Konflikte, die wir bereits im Zusammenhang der Charakteristika einer Organisation allgemein kennengelernt hatten, bei der Diskussion der Rollenprobleme ebenso wie bei der Interpretation der Zielkonzeptionen. Wir hatten gesehen, daß es keine eindeutige Definition der Schulziele gibt und daß der Lehrer durch die einander widersprechenden Anforderungen von Auslesen und Fördern in Rollenkonflikte geraten kann.

Diese Antinomien werden präzisiert und verschärft durch den Charakter der Schule als Verwaltungsorganisation, weil eine Verwaltungseinrichtung notwendig andere Tendenzen verfolgen muß als eine Unterrichts- und Erziehungsorganisation. Aus Veröffentlichungen der verschiedenen – deutschen wie amerikanischen – Autoren lassen sich zahlreiche Beispiele solcher prinzipiellen, inhaltlich ausdifferenzierten Widersprüche über Schule und Unterricht sammeln.

Verwaltungsbürokratie	Erziehungsstätte
regelhafter Gesetzesvollzug	persönlicher Einsatz des Pädagogen
Routine	Experiment
Normierung	Individualisierung
angeordneter Lehrstoff	schöpferische Freiheit
risikoloser Durchschnitt	offenes Wagnis (Ellwein 1964)

Formalisierung von Verhaltenserwartungen	spontane und personale Rollenbeziehungen
Orientierung an uniformen Regeln und Prozeduren	Flexibilität, Spontaneität, Kreativität, Emotionalität
Kontinuität und Beharrung	Innovation (Lorenz/Paul 1972)
Was dürfen wir tun, was wird vorgeschrieben, was ist verboten?	Was ist sachlich, pädagogisch richtig und erforderlich? (Rumpf 1960)
Mechanismus von Anordnungen	eigene Entscheidungen, Selbständigkeit
Verordnungswesen, vereinheitlichende Reglementierungen	freiere Gestaltung des Schulbetriebs, Orientierung an der Entfaltung des Kindes (Becker 1956)
Legalistisch, administrativ	professionell, sachlich (Fend 1971)
Rationalisierung	individuelle Interaktion
Koordination	vielfältige Handlungsweisen
einheitliche Ergebnisse und Berechtigungswesen	Lehrerautonomie
Anpassung	Autonomie (Bidwell 1965; Katz 1964).

Die Konflikte, die sich unter dem Zielaspekt von Schule ergeben haben, erfahren noch eine besondere Zuspitzung, wenn man sie aus der Perspektive der Lehrerolle betrachtet. Als Mitglied der Verwaltungsbürokratie Schule ist der Lehrer Beamter, als Angehöriger der Sozialisationsinstanz Schule muß er Lehrer und Erzieher sein. Für die Lehrer als Beamte ist charakteristisch ihre Einordnung „in die beamtenrechtliche Hierarchie und in das Gefüge der Schulaufsicht. . . , die sich ihnen gegenüber als Dienst- und Fachaufsicht betätigt. Innerhalb der Hierarchie unterliegen sie der allgemeinen Gehorsamspflicht des Beamtenrechts. Sie müssen allgemeine Anweisungen und Richtlinien wie Einzelanordnungen ihrer Vorgesetzten befolgen und sich Änderungen ihrer Maßnahmen und Entscheidungen jederzeit gefallen lassen" (Heckel 1966, S. 399).

Demgegenüber bezeichnet die erziehungswissenschaftlich begründete und juristisch fixierte pädagogische Freiheit den Anspruch und das Recht des Lehrers, die Unterrichts- und Erziehungsarbeit nach seinem Wissen und Gewissen zu gestalten. Die pädagogische Freiheit modifiziert die allgemeine beamtenrechtliche Position des Lehrers und räumt ihm eine pädagogische Sonderstellung ein. Sie soll der Tatsache Rechnung tragen, daß sich Erziehungsaufgaben und unterrichtliche Tätigkeiten schematischer Weisung und Normierung entziehen. „Alle Regelungen und Bindungen finden ihre natürlichen Grenzen in den Erfordernissen der jeweiligen Unterrichtssituation, die immer wieder spontane, aus der Eigenverantwortung des Lehrers gebotene Reaktionen erfordert" (Heckel 1966, S. 399). Diese pädagogische Freiheit wird zu eng gefaßt, wenn sie nur als Methodenfreiheit ausgegeben wird, da Lehrer in bestimmtem Maße auch über die Wahl von Unterrichtsinhalten und Unterrichtsgegenständen entscheiden. Die Gleichsetzung von pädagogischer mit Methodenfreiheit geht andererseits aber zu weit, weil veraltete Erziehungsmethoden z. B. per Anweisung untersagt werden können.

Ob man die Ergebnisse aus der Diskussion der Rollenproblematik des Lehrers, aus der Zieldiskussion der Organisation oder aus den Überlegungen zur Verwaltungsstruktur der Schule wieder aufnimmt, sie lassen sich alle auf die früher gestellte Frage zurückbeziehen: Wer ist der Klient der Schule? Für den Lehrer als Beamten ist der Klient eindeutig der Staat bzw. die Gesellschaft als Repräsentant bestimmter Anforderungen an die technische, normierte Qualifizierung der nachfolgenden Generation. Die für diese Aufgabe erforderlichen Selektionsmechanismen werden durch die beschriebenen Vorschriften abgesichert. Sie sollen über die gleiche Behandlung aller Schülerfälle aufgrund der uniformen Verfahrensregeln der bürokratischen Organisation Gerechtigkeit garantieren.

Für den Lehrer als Erzieher ist der Schüler der vorrangige Klient, den es unter Berücksichtigung seiner individuellen Voraussetzungen und Möglichkeiten zu fördern gilt. Statt vereinheitlichende Verfahrensvorschriften anzuwenden, muß der Erzieher selbständige Entscheidungen fällen, die aus der persönlichen Interaktion mit dem Schüler erwachsen und der Frage standzuhalten haben, was pädagogisch vertretbar ist im Hinblick auf dessen Entwicklung. Die Existenz dieser widersprüchlichen Elemente im Bereich Schule hat in neueren Untersuchungen zum Thema Bürokratieforschung und Schule (Fürstenau 1969) zu der These geführt, daß die Schule sowohl strukturelle Bedingungen aufweise, für die eine bürokratische Organisation die angemessene Maßnahme sei, als auch solche, denen mit den Mitteln des sog. human-relations-Modells entsprochen werden müßte.

1.2.1. Das human-relations-Modell

Entzündet hat sich diese Diskussion an der Frage der Leistungsfähigkeit der bürokratischen Organisation. Lange Zeit galt das Urteil Webers als unangefochten, daß eben die bürokratische Form der Verwaltung besonders präzise, stetig, straff, verläßlich und insgesamt die formal rationalste Form der Herrschaftsausübung sei. Durch zahlreiche amerikanische Arbeiten hat sich inzwischen aber die Erkenntnis durchgesetzt, daß eine bürokratische Organisation je nach den strukturellen Bedingungen verschiedener Betriebe verschiedene Formen annehmen kann. Die Art und Qualität bürokratischer Rationalisierung ist als abhängige Variable gesellschaftlicher Bedingungen deutlich geworden; eine Erkenntnis, die rückwirkend auch die historische Bedingtheit von Webers Thesen bestätigt, seine idealtypische Beschreibung von Bürokratie, die er als Abstraktion sehr konkreter, der öffentlichen Verwaltung seiner Zeit abgelesener Charakteristika gewonnen hatte (Luhmann 1969; Fürstenau 1969).

Der klassische Typ der Verwaltungsbürokratie mit vorgegebenen Verwaltungsvorschriften und der Entscheidungsbefugnis nur der oberen Instanzen ist nach Litwak nur dann die effektivste Organisationsform, wenn es sich um uniforme, wiederkehrende Arbeitsverrichtungen handelt, für die zudem ein sachbezogenes Fachwissen erforderlich ist. Für Organisationen dagegen, deren Arbeit vor allem soziale Fähigkeiten und Geschicklichkeiten sowie eine häufige Anpassung an neue Arbeitsbedingungen verlangt, gilt die klassische bürokratische Organisation nicht mehr als die beste (Litwak 1968).

Die aufgetauchte Kontroverse um die Leistungsfähigkeit der klassisch-bürokratischen Organisation bzw. die Entwicklung einer Gegenkonstruktion in Gestalt des human-relations-Modells läßt sich an der Diskussion um das Prinzip der Regeln und Verfahrensvorschriften, d. h. um das Prinzip der Formalisierung am besten illustrieren. Die Theorie von der Entgegensetzung formaler und informaler Beziehungen ist aus der Perspektive der formalisierten Bürokratie entstanden und bezeichnet alle Aktivitäten der Organisationsmitglieder, die nicht in den formal vorgeschriebenen Rahmen der Handlungsanweisungen und Verhaltensvorschriften passen, als informal oder informell. Informelle Aktivitäten und Beziehungen sind danach Reaktionen auf die Zwänge der offiziellen Organisationsstruktur und ihrer Zwecksetzung. Sie gelten mitunter als Anomalien, als unerwünschte Abweichung vom Organisationszweck, die die Gefahr in sich bergen, daß die offiziellen Ziele der Organisation hintertrieben werden (Irle 1963; Gordon 1965[3]; Getzels 1969[2]). Die Theorie der informellen Beziehungen basiert im wesentlichen auf empirischen Arbeiten über die zwischenmenschlichen Beziehungen oder die Organisationselemente, die in der klassischen Organisationslehre vernachlässigt wurden, wie die gefühlsbetonten, ungeplanten, nicht rationalen Elemente des Verhaltens, die Bedeutung von Freundschaft und sozialer Gruppenbildung, Motivation und Zufriedenheit, Kommunikation und Beteiligung sowie Führungsverhalten (Etzioni 1971[3]). Aus der Kleingruppenforschung wurde dabei der Begriff *human-relations* übernommen und als Gegenbegriff zur klassischen Organisationstheorie bekannt.

Untersuchungen mit dem Befund, daß informelle Gruppierungen eine gewisse Eigengesetzlichkeit entwickeln, haben verschiedentlich Anlaß zu der Frage geboten, ob die These von der Entgegensetzung formaler und informaler Gruppen als rationalen und irrationalen, geplanten und spontanen, sanktionierten und nichtsanktionierten, angeordneten und nichtangeordneten Gruppen haltbar ist. So lehnt z. B. Katz (1964) die traditionelle Dichotomie mit eben dem Argument ab, daß auch informelle Gruppen „socially organized", d. h. nach bestimmten Verhaltensmustern strukturiert seien. Zum anderen sei inzwischen nachgewiesen, daß die Mitglieder einer Organisation die informalen Aktivitäten brauchten, um ihre offiziellen Aufgaben für die Organisation erfüllen zu können (430 ff.). In derselben Richtung argumentiert Irle, der die klassische Formulierung der Entgegensetzung von formalem und informalem Verhalten ebenfalls ablehnt und die Beschreibungen nur als Eigenschaftskontinuum zuläßt (Irle 1963). Er widerspricht vor allem der früheren Behauptung, daß nur die formalen Aktivitäten als Zweck-Mittel-Handlungen anerkannt werden, die informalen dagegen als ein Verhalten definiert werden, „das nicht einem Arrangement bestimmter Mittel auf einen bestimmten Zweck hin folgt" (S. 69). Demgemäß unterscheidet er bei der Entstehung sozialer Gebilde innerhalb einer Organisation mindestens drei Typen: formale Gruppierungen und Aktivitäten, informale, die mit dem formalen Ziel übereinstimmen, und informale, die zielabweichend sind. Während die klassische Organisation in der Gestalt des Weber'schen Bürokratiemodells nach der Interpretation von Litwak vor allem die Sekundärbeziehungen (Sach- statt persönlicher Beziehungen) und die Organisationsregeln und -verfahren (statt der Organisationsziele) betont, gelten in der human-relations-Schule die Primärgruppenbeziehungen und die Organisationsziele als vorrangig. Die Notwendigkeit dieser Prioritätensetzung erhärtet Litwak (1968) im einzelnen mit den bereits erwähnten Befunden aus empirischen Arbeiten. In größeren Organisationen mit wechselnden sozialen Situationen und Personen reichen vorher festgelegte generelle Regeln zur Aufgabenbewältigung nicht aus. Sofern häufig wechselnde Arbeitsaufgaben gestellt werden, ergibt sich eine höhere Korrelation zwischen Motivation und Produktivität, wenn Personen selbständig entscheiden können. In solchen Situationen zeigt sich außerdem die Gefahr, daß Spezialisierung zu voreiliger organisatorischer Abschließung und großer Unbeweglichkeit der Entscheidungen führt. Da wechselnde Anforderungen bei einem Mangel an Verfahrensregeln die handelnden Personen leicht verunsichern, haben die Primärgruppenbeziehungen auch die psychische Funktion der Rückversicherung, abgesehen von ihrer Bedeutung der Entscheidungsfindung über Kommunikation. Wegen der erforderlichen Eigenentscheidung und Entscheidungsbeteiligung verlangt eine nach dem human-relations-Modell gestaltete Organisation die weitgehende Internalisierung der Organisationsziele durch ihre Mitglieder, die ihrerseits eine Trennung von politischen und administrativen Entscheidungen unmöglich macht. Analog zu den Merkmalen des Weber'schen Bürokratiemodells lassen sich Charakteristika des human-relations-Ansatzes zusammenstellen: „horizontale Autoritätsstrukturen; möglichst geringe Spezialisierung; Mischung von politischen und administrativen Entscheidungen innerhalb der Organisation; eine a priori geringe Beschränkung von Pflichten und Privilegien auf ein bestimmtes Amt; persönliche statt unpersönlicher Beziehungen; und ein Minimum an allgemeinen Regeln“ (Litwak 1968, S. 179, übers. v. Verf.)

1.2.2. Die Übertragung des human-relations-Modells auf die Schulorganisation

Diese Gegenüberstellung von Bedingungen für eine klassisch-bürokratische Organisation mit solchen für ein human-relations-Modell überträgt Fürstenau (1969) auf das Schulwesen. Er behandelt die Frage einer erforderlichen

Berücksichtigung beider organisatorischer Typen vor allem unter den Aspekten der Orientierung an der Zielsetzung, der horizontalen Kommunikation, der professionellen Qualifikation und der Kontrolle (S. 49 ff.).

Während die klassische Bürokratie sich an vorweg geregelten Verfahrensvorschriften orientiert, steht für das human-relations-Modell die *Ausrichtung an der Zielsetzung* des Unternehmens im Vordergrund. Um neuen Bedingungen und den individuellen Bedürfnissen des Klienten entsprechen zu können, werden selbstverantwortliche Kooperation und eigene Entscheidungen von den Mitgliedern verlangt. Die Schule als Verwaltungsstelle vieler gleich gelagerter Fälle (Einzug nach Jahrgängen, Versetzungsbestimmungen) kann in weitem Maße uniform verfahren, die Schule als Stätte höherer Dienstleistungen braucht gleichzeitig aber „die Verlagerung wesentlicher Anteile der Entscheidungsfunktion in die untere Ebene“ (S. 50). Die entscheidende Voraussetzung dafür ist die öffentlich anerkannte Rolle des Lehrers als Fachmann für Schulerziehung, dessen Aufgabenfeld fachlich präzise zu beschreiben ist. Im Zusammenhang damit steht die neu zu gewinnende Dimension in der Kommunikationsstruktur, die nämlich die horizontalen Beziehungen zwischen Experten betont. Die bürokratische Verwaltung kennt stattdessen nur die offiziellen vertikalen Kanäle und die durch die einseitige Hierarchie von oben nach unten bedingten kompensatorischen bzw. dysfunktionalen informalen Beziehungen. Wer weitgehend selbstverantwortliche Tätigkeiten ausübt, braucht die Rückversicherung durch Kollegen über Kommunikation, Kooperation, Konsultation und Hospitation.

Der Zuwachs an *Entscheidungskompetenz* und *Expertenkommunikation* betrifft die Mitarbeiter auf der unteren Ebene der Organisation, im Falle der Schule die Lehrer. Ihre Funktionsausweitung ist aber nur sinnvoll, wenn Aufgabenverlagerungen auf der mittleren Ebene (Schulleiter, vor allem Schulaufsicht) damit konform gehen. Während es die Aufgabe von Vorgesetzten in einer bürokratischen Organisation ist, Entscheidungen zu treffen, Anweisungen zu geben und zu kontrollieren, erwächst der mittleren Ebene nach dem human-relations-Modell mehr die Aufgabe, Hilfen zur Lösung von Problemen bereitzustellen wie pädagogische Beratung, sachliche, finanzielle oder personelle Mittel. Initiative zur Kommunikation nach oben und Vorschläge zur praktischen Arbeit müssen aber vorwiegend von der unteren Ebene kommen, weil nur hier die Mitarbeiter den vollen Überblick über die anstehenden Probleme haben. Da die mittlere Ebene im allgemeinen auch sekundäre Zwecke der Organisation berücksichtigen muß (z. B. Abhängigkeiten der Schule von externen Bedingungen, ihre begrenzten Ressourcen etc.), entstehen gerade für deren Rollenträger zahlreiche Konflikte. Fürstenau schlägt eine Neudefinition für die Funktionen der Schulaufsicht vor, in dem eine partielle „Abkehr von der ausschließlichen Regel- und Prozedurorientierung und Autoritätsbindung“ Spielraum auch für „professionelle Arbeit“ im Sinne einer am Berufszweck orientierten Arbeit lassen soll (S. 57).

Fürstenau geht davon aus, daß Schule eine Organisation ist, die unter häufiger Änderung der Außenbedingungen arbeiten muß. Mit einmaligen Entscheidungen der Verwaltungsspitze sowie deren Umsetzung in Anweisungen und Kontrollmechanismen wäre Schule deshalb kaum funktionsfähig. Stattdessen brauche sie im top-management nach dem Muster der human-relations-Organisation eine umfassende und vorausschauende Planung mit elastischen Ausführungsbestimmungen. Die Spitze oder auch die mittlere Ebene der Verwaltung könnten dafür höchstens eine Grobstrukturierung bieten, die Feinstrukturierung und Ausdifferenzierung müßte die untere Ebene leisten. Dadurch ergäbe sich gleichzeitig eine neue Lösung des Kontrollproblems. Einmal verschaffen die von unten nach oben geschickten Informationen Einblick in die geleistete Arbeit, zum anderen ergeben sich durch die intensive Kommunikation und Kooperation mit Expertenkollegen, d. h. „aus dem Arbeitsarrangement selbst gewichtige kontrollierende Wirkungen“ (S. 55; Wellendorf 1969). Fürstenaus Forderungen zur Entbürokratisierung der Schule beziehen sich also vorrangig auf den Abbau hierarchischer Strukturen, die Neuverteilung von

Kompetenzen und Kontrollen sowie eine flexible Handhabung von Verfahrensvorschriften. Die entscheidende Voraussetzung dafür sei die professionelle Qualifikation des Lehrers.

Während Fürstenau stark von den organisatorischen Strukturen her argumentiert, versucht Bidwell (1965) seine Vorstellungen von einer entbürokratisierten Schule mehr vom Wesen erzieherischer Bemühungen her zu fundieren, das er als „fortdauernde Interaktion zwischen einem einzelnen Lehrer und seinen Schülern“ beschreibt (S. 975, übers. v. Verf.). Er verkennt nicht die Einbettung der Schule in gesellschaftliche Zwänge, z. B. die des Berechtigungswesens, die von der Schule der Zielvorstellung nach einheitliche Ergebnisse verlangen. Aber er kontrastiert dem mit aller Entschiedenheit die Vorrangigkeit zwischenmenschlicher Beziehungen als dem bürokratischen Prinzip, z. B. der Routine oder Rationalisierung, diametral entgegengesetzt, weil Lehrer-Schüler-Interaktion grundsätzlich ins einzelne und besondere tendiert. Voraussetzung zur Bewältigung dieser erzieherischen Aufgabe – darin ist er mit Fürstenau und anderen einig – ist eine organisatorische Form von Schule, in der der Lehrer als professioneller Erzieher anerkannt ist und Möglichkeiten der Kooperation unter Lehrern fest institutionalisiert sind. Die Kopplung der geforderten Entbürokratisierung der Schule mit der Professionalisierung des Lehrerberufs ist doppelt legitimiert: durch die Bedingungen der Organisationsstruktur ebenso wie durch die Bedingungen der Lehrerrolle. In einer Untersuchung über administrative Rollen wurde z. B. eine eindeutige Korrelation nachgewiesen zwischen starker Orientierung an Regeln und schwacher Ausrichtung an den eigenen Fähigkeiten bzw. zwischen starker Bindung an Fähigkeiten und geringer Regelorientierung (Gouldner/Newcomb 1968). Ferner ist ein Zusammenhang bestätigt zwischen einem Gefühl der Sicherheit am Arbeitsplatz und kooperativer Interaktion mit den Kollegen, nicht nur mit ein paar Freunden (Blau 1968). Negativ formuliert wird hier der bekannte Befund wiederholt, daß monokratisches Einzelbeamtentum meist mit Verhaltensunsicherheit einhergeht, wenn es veränderte Aufgabenstellungen zu meistern gilt

(Lorenz/Paul 1972; Fend 1971). Neue Praktiken zu übernehmen, wird dem Beamten also dadurch erleichtert, daß er soziale Unterstützung in der Gruppe findet. Das mindert sein Bedürfnis, emotionale Sicherheit in der gewohnten Routine zu suchen. Für Blau sind solche fest etablierten kooperativen Arbeitsgruppen – gekoppelt mit professioneller Orientierung hinsichtlich der Aufgabenerfüllung – und eine gewisse Sicherheit des Arbeitsplatzes wichtige Voraussetzungen für problemlösendes Verhalten, ohne daß Anweisungen des Vorgesetzten erforderlich sind. Einen weiteren Hinweis auf die Bedeutung der Professionalisierung im Zusammenhang mit dem Abbau hierarchischer Strukturen liefert Thompson (1968). Nach seinen Beobachtungen besteht eine enge Beziehung zwischen der Arbeitszufriedenheit eines Organisationsmitgliedes und dem Grad der beanspruchten Fähigkeiten, der Vielfalt seiner Tätigkeiten und dem Maß an Selbständigkeit. Diese Elemente der Arbeitszufriedenheit können mit den hierarchischen Rechten der Zuweisung und Kontrolle kollidieren; d. h. die Fähigkeit einer Organisation, die persönlichen Bedürfnisse und Motive aller Mitglieder zu befriedigen, wird durch hierarchische Strukturen stark gefährdet.

Die Diskussion um die Entbürokratisierung der Schule mag zwar letztlich ihren Ursprung haben in soziologischen Untersuchungen zur Effektivität von Organisationen und der Arbeitszufriedenheit ihrer Mitglieder etc., ihre sachimmanente und politische Begründung aber liegt in der Interdependenz zwischen der Organisation Schule und der Gesamtgesellschaft, in der notwendigen Übereinstimmung von Schulstrukturen und Erziehungszielen. Trotz der Bemühungen um die Etablierung einer funktionsfähigen Demokratie und die Demokratisierung des politischen und gesellschaftlichen Lebens, die als Zielsetzung verbal-deklamatorisch seit 1945 auch die Schulen erfüllen, hat die Revision der überkommenen Funktions- und Strukturelemente der Schule an den neuen Aufgaben nicht stattgefunden (Schulenberg 1970, S. 417), sind „in der Bundesrepublik nach 1945 die grundlegenden politischen Entscheidungen hinsichtlich des Schulwesens ausgeblieben“ (Ellwein 1964, S. 216). Ähnlich heißt es bei Thompson (1968): „die

Doktrinen der Demokratie und des Liberalismus, die unserem Staate zugrundeliegen, haben sich kaum auf unsere bürokratischen Organisationen ausgewirkt" (S. 219).

Der Widerspruch zwischen „der tradierten, hierarchischen Schulstruktur mit ihrem Überhang quasi-ständischer Strukturelemente und autoritär-obrigkeitsstaatlicher Herrschaftsformen und dem, was die Schule in einer demokratisch sich nennenden Sozialverfassung zu leisten hätte" (Combe 1971, S. 218), verlangt deshalb so dringend nach Aufhebung, weil die Schule als bürokratisch verwaltete Organisation von entscheidender Bedeutung für ihre erzieherischen Wirkungen ist. „. . . das soziale Spielfeld Schule in der Faktizität seiner Rollensysteme, seiner Normen, Sanktionen und Machtverteilungen (ist) für alle Lernenden . . . ein Tatsachenunterricht" von ähnlicher Wirksamkeit wie die verbalen Instruktionen (Rumpf 1971, S. 140). So sieht Rumpf einen engen Zusammenhang zwischen der Organisationsstruktur der Schule und ihrer Lernorganisation; z. B. zwischen der Geschäftsordnung einer Lehrerkonferenz und dem Verhalten des Lehrers im Unterricht, zwischen der Schulverfassung und der Stilisierung des Lehrstoffes im historisch-politischen Unterricht oder zwischen Sanktionsformen in der Verwaltungsstruktur und Disziplinierungs- und Motivationstechniken der Lernorganisation. „Spielregeln und Normen der Verwaltungsorganisation regeln mit Sicherheit nicht nur äußere Bedingungen und Voraussetzungen von Schule und Unterricht, sie regeln auch das Bewußtsein, genauer die Auffassungs- und Verarbeitungsschemata, mittels derer die an der Schule Beteiligten ihr Arbeitsfeld strukturieren" (Rumpf 1971, S. 142). Danach hat der Lehrer die Zwänge der Institution nicht nur für sich internalisiert, sondern er praktiziert die administrativen und autoritären Verhaltensmodelle auch im Umgang mit den Schülern (Rumpf 1960). Daß Schüler pünktlich, verläßlich, genau, ruhig und gehorsam sind, ist wichtiger als beispielsweise Kreativität oder primäre Motivation (Fend 1971). Als Haupteigenschaft, die eine bürokratisch verwaltete Schule durch ihre Ordnungsstrukturen vom Schüler fordert, sehen viele Autoren die Anpassungsfähigkeit an, die dem Schüler die Einfügung in die diversen institutionellen Zwänge ermöglicht und erleichtert. Das Bildungsergebnis einer solchen Schule ist für Becker (1956) „der konformistische, einfallslose, mühelos gleichschaltbare Mensch“ S. 35; Rumpf 1960).

Der Amerikaner Jackson (1968) hat in einer Studie viele der Elemente registriert, die jenseits des offiziellen Lehrplans auf die Jugendlichen einwirken. Das Ergebnis seiner Beobachtung über „the hidden curriculum“ entspricht den vorher zitierten Analysen.

Schule ist Vorbereitung für das Leben, aber nicht in dem Sinne, wie Erzieher diese Wendung gebrauchen möchten, sondern als „process of adaptation“. Dabei beschäftigt Jackson vor allem die Einseitigkeit von Macht und Autorität auf seiten der Lehrer, die mit der Gehorsamsleistung auf seiten der Schüler gekoppelt ist, weil er den Widerspruch zu den demokratischen Zielsetzungen sieht. Becker (1956) nennt die Schule deshalb eine „Abrichteanstalt“ und fragt, warum „bei den vielen Untersuchungen über die Anfälligkeit der sogenannten gebildeten Schichten für totalitäre Systeme aller Art noch nicht stärker auf die Vorbereitung dieser Anfälligkeit durch die moderne Schule hingewiesen worden ist" (S. 40/1; Ellwein 1964).

1.3. Schule im Spiegel schulpolitischer Dokumente

Man könnte gegen die vorangegangenen Überlegungen einwenden, daß ein Großteil der verarbeiteten Literatur aus der amerikanischen Forschung und überdies aus der Industrieforschung stamme, daß mithin die Übertragung der Ergebnisse auf unsere Schulverhältnisse fragwürdig sei. Deshalb sollen – als eine Art empirischer Kontrolle – schulpolitische Dokumente untersucht werden, in denen die organisatorischen Strukturen der Schule und die Funktionen ihrer Mitglieder festgehalten sind. Aus der amtlich fixierten Schulwirklichkeit heraus soll der Nachweis geführt werden, daß Schule im wesentlichen noch die dargestellten Charakteristika einer bürokratischen Verwaltung aufweist, daß aber auch Spielräume und Einbruchstellen für neue Strukturen im Sinne des human-relations-Modells vorhanden sind oder geschaffen werden können.

Schulpolitische Dokumente reichen von der allgemeinen rechtlichen Schulgesetzgebung der Länder über Verordnungen und Erlasse zu bestimmten Schulfragen bis zu Haus- und Benutzerordnungen der einzelnen Schule. Die Schulgesetze der Länder enthalten jene Bestimmungen, die die äußere und innere Ordnung wie Organisation, Trägerschaft, Unterhaltung, Schulpflicht, Schulaufsicht regeln. Sie überschneiden sich begrifflich und inhaltlich des öfteren mit einer Schulordnung im weiteren Sinne, die die gegenseitigen Rechtsstellungen zwischen Schule, Schülern und Eltern bzw. Erziehungsberechtigten festlegt. Die Schulgesetzgebung ist die Grundlage für alle weiteren Rechtsverordnungen, Erlasse oder Verfügungen, die einzelne Aspekte der Schule als Erziehungsanstalt behandeln. Darunter fallen z. B. Schulverfassungen, Konferenzordnungen, Schülervertretungserlasse, u. ä.. Während diese Dokumente in die Kompetenz der Ministerialverwaltung gehören, stammen die Schulordnungen im engeren Sinne aus der Schule selbst. Bei den Schulordnungen im engeren Sinne, auch schulische Hausordnungen genannt, handelt es sich ausschließlich um die technische Regelung des Schulbetriebes, die bestimmte Anweisungen für einen ordnungsgemäßen Ablauf enthält (Heckel/Seipp 1969[4]).

Für die Analyse schulpolitischer Dokumente unter der Fragestellung, welches Organisationsverständnis von Schule sich in ihnen niedergeschlagen hat, scheint es angemessen, Beispiele aus jeder dieser grundlegenden Kategorien zu wählen. In Betracht kommen damit zunächst einzelne Schulgesetze der Länder bzw. Schulordnungen im weiteren Sinne. Als Beispiele für die konkrete Ausführung der in den Schulgesetzen nur sehr allgemein angesprochenen Detailprobleme sollen anschließend ministerielle Verordnungen über die Konferenzen herangezogen werden. Als schulpolitisches Zeugnis der untersten Verwaltungsebene kommen die Hausordnungen einzelner Schulen in Betracht.

1.3.1. Schulgesetze bzw. Schulordnungen

Beispiele für die ländergebundene Schulgesetzgebung bzw. für die Formulierung von Schulordnungen im weiteren

Sinne stammen aus Bayern (1973), Berlin (1970), Hessen (1970) und Schleswig-Holstein (1971). Aufbau, Gliederung und Wahl der in den Gesetzen behandelten Inhalte weichen stark voneinander ab. Deshalb müssen sich Analyse und Vergleich auf einige wenige Aspekte konzentrieren, die allen Dokumenten gemeinsam sind. Sie beziehen sich auf die übergeordneten Fragestellungen, die im vorangegangenen theoretischen Teil leitend waren: die spezifische Zielsetzung der Schule als einer erzieherischen Institution innerhalb einer demokratischen Gesellschaft, auf das Verhältnis von Verwaltungsvorschriften und pädagogischer Autonomie sowie auf die Funktionen der der Schule angehörenden Mitglieder, vor allem der Lehrer. Dabei soll im Sinne unserer Einleitung überlegt werden, ob die schulischen Strukturen und Funktionen die Erziehung zur Diskursfähigkeit fördern oder hemmen. Schon auf die Frage nach dem spezifischen Auftrag der Schule als einer erzieherischen Institution formulieren die Schulgesetze unterschiedliche Antworten. In den Texten von Schleswig-Holstein und Hessen steht nur der formale Hinweis auf den Bildungs- und Erziehungsauftrag der Schule bzw. auf den in der Landesverfassung erteilten Erziehungsauftrag. Im Berliner Schulgesetz und in der Bayerischen Schulordnung dagegen werden in einer Art Präambel die Aufgaben der Schule inhaltlich präzisiert. Kernpunkte schulischer Arbeit sind die individuelle Entfaltung der Kinder und Jugendlichen, ihr Engagement für die demokratische Gesellschaftsordnung sowie die Bereitschaft zu verantwortungsbewußtem Handeln, auch im Hinblick auf die friedliche Verständigung der Völker.

Wenn dieser Befund etwas über die pädagogische Qualität der vorliegenden juristischen Dokumente aussagen soll, müßte sichergestellt sein, daß die einzelnen Paragraphen an den genannten Erziehungszielen orientiert werden.

Bei der Bayerischen Schulordnung fällt aber auf, daß sie sich trotz des zitierten breiten Spektrums erzieherischer Ziele im Bereich von Denken und Handeln ausschließlich für den meß- und überprüfbaren intellektuellen Lernzuwachs der Schüler interessiert. Schülerlaufbahn wird einzig aufgrund des Kriteriums Leistung – in Form von Haus- und Nacharbeiten, Probezeiten und Nachprüfungen oder durch Ausschluß von Kursangeboten (Oberstufe) bzw. direktorialer Genehmigung der Kursteilnahme – strengstens reglementiert. Die pädagogische Diskussion zu diesem Themenkomplex kennt aber den fragwürdigen Stellenwert von Hausaufgaben oder die negativen Auswirkungen von permanentem Leistungsdruck und ständiger Leistungsüberprüfung, weil sie Motivationen zerstören und die Entfaltung des Individuums in verschiedene Richtungen behindern. Reglementieren statt erziehen gilt in der Bayerischen Schulordnung auch für die mangelhafte Vorbereitung oder Mitarbeit eines Schülers im Unterricht, die im Sinne dieses Gesetzes als Pflichtverletzung mit Ermahnungen und Elternhinweis zu tadeln sind. Bei weiteren Verstößen gegen die schulische Ordnung steht dem Lehrer ein Katalog sich steigernder Ordnungsmaßnahmen zur Verfügung. Die Schule beschäftigt sich nicht primär mit den Ursachen sog. Fehlverhaltens oder mangelnder Unterrichtserfolge und wendet die ihrem Auftrag gemäßen Mittel der erzieherischen Hilfe und beratenden Förderung an, sondern verfährt als Rechts- und Verwaltungsinstanz rigide und formaljuristisch. Ein besonders krasses Beispiel bietet § 83 (1): „Wenn Erziehungsberechtigte die ihnen gegenüber der Schule obliegenden Verpflichtungen in grober Weise verletzen und dadurch die Erfüllung des Unterrichts- oder Erziehungsauftrages der Schule allgemein oder im Einzelfall schwer gefährdet wird, kann dem Schüler durch Beschluß der Lehrerkonferenz . . . der weitere Besuch dieser Schule untersagt werden. . . . (2) Die Untersagung nach Absatz 1 stellt keine Ordnungsmaßnahme gegen den Schüler dar." Der Schüler, der in eine solche Situation gerät, muß von vornherein als durch sein Milieu benachteiligt angesehen werden. Er wird dafür zusätzlich mit Schulausschluß bestraft, obgleich er diese Verhältnisse nicht verschuldet hat.

Das positive Gegenstück wäre ein Schulgesetz, das den rechtlichen Rahmen für die Verwirklichung pädagogischer Erkenntnisse schafft. So wird z. B. mehrfach im hessischen Schulgesetz auf die organisatorischen Bedingungen der Mindestgröße von Schule aufmerksam gemacht, ohne die die Möglichkeit unterrichtlicher Differenzierung nicht gegeben sei. In ähnlicher Weise verlangt das Berliner Schulgesetz, daß Maßnahmen der schulischen Gliederung unter pädagogischer Zielsetzung wie Differenzierung oder Integration erfolgen. Es fixiert ferner für die Schulen einen Spielraum zur Erprobung von Innovationen mit dem Ziel, vorhandene Schul- und Unterrichtssituationen zu verbessern. Während die Schulordnung von Bayern und das Schulverwaltungsgesetz von Schleswig-Holstein diesbezüglich nur Leerstellen aufweisen, muß die Schulbehörde in Berlin laut Gesetz Vorsorge treffen, „daß wertvolle fortschrittliche pädagogische Ideen" in öffentlichen Schulen ihre Bedeutung erweisen können (§ 3). Dementsprechend legt der hessische Text fest, daß Versuchs- und Modellschulen die Weiterentwicklung des Schulwesens fördern sollen. Die Prioritätenfrage zwischen Verwaltungsvorschriften und pädagogischen Erfordernissen spielt auch in die Funktionsbeschreibung der der Schule angehörenden Mitglieder hinein. Das Verwaltungsprinzip im Sinne von M. Webers Bürokratievorstellung schlägt dort durch, wo der Schulleiter vom Dienstherrn berufen wird (Sch.-H.), wo er die Amtsautorität sowohl für den Verwaltungs- als auch für den Erziehungsbereich verkörpert, wo die Beschlüsse der Konferenz für ihn nur den Charakter von Empfehlungen haben, weil die Konferenz weitgehend nur Beratungsrecht hat, und wo er Mitglied und Vorsitzender aller Ausschüsse ist (Bayern). Selbst im Schulforum, einem paritätisch aus je drei Lehrern, Eltern und Schülern zusammengesetzten Gremium, in dem der Schulleiter kein Stimmrecht hat, führt dieser den Vorsitz (Bayern § 77,2). Der gesammelte pädagogische Sachverstand der an einer Schule tätigen Lehrer kommt dagegen dann zur Geltung, wenn die Schulleitung auf kollegialer Grundlage erfolgt (Berlin), wenn Konferenzbeschlüsse für den Leiter bindenden Charakter haben, weil der Konferenz qua Gesetz zugetraut wird, daß sie ihre pädagogischen Angelegenheiten selbst verantworten kann (Hessen).

Um die Analyse der schulpolitischen Dokumente im Vergleich verschiedener Texte fortsetzen und vertiefen zu können, sollen thematische Einzelverordnungen herangezogen werden, die als Ausführungsbestimmungen allgemeiner Hinweise aus den übergeordneten Schulgesetzen gelten. Als Beispiel werden Konferenzordnungen gewählt. Sie sollen auf ihren Beitrag zur Demokratisierung von Schule und zur Erweiterung der Amtskompetenzen der Lehrer als der pädagogisch qualifizierten Mitarbeiter hin befragt werden.

1.3.2. Konferenzordnungen

Die Konferenzordnung eines Landes macht Aussagen über die Stellung der Schule innerhalb der Schulverwaltung. Sie kann stärker am bürokratischen Modell mit der Konzentration der Entscheidungsbefugnisse auf der oberen und der Ausführungspflichten auf der unteren Ebene orientiert sein und damit Handlungsspielräume beschneiden, oder sie kann Elemente des human-relations-Modells berücksichtigen, das durch Verlagerung von Kompetenzen und Rollen eine Demokratisierung der Schulverwaltung anstrebt und mit diesen strukturellen Voraussetzungen die Forderung nach Diskursfähigkeit begünstigt. Deshalb werden die Antworten auf die Fragen nach der pädagogischen Freiheit des einzelnen Lehrers, dem kollegialen Zusammenwirken der Lehrerschaft und nach der Eigenverantwortung der einzelnen Schule verschieden ausfallen. Die Konferenzordnungen aus Berlin (1968), Hessen (1972), Nordrhein-Westfalen (1969) und Schleswig-Holstein (1971) werden unterschiedliche Grade an Demokratisierung und Pädagogisierung zeigen.

Eindeutige Projektion einer hierarchisch strukturierten Schulverwaltung ist die generelle Regelung, daß der Schulleiter als Verkörperung der innerschulischen Verwaltungsspitze den Vorsitz der Gesamtkonferenz führt und daß er als Repräsentant der Rechts- und Verwaltungsordnung in Konfliktfällen gegen den Beschluß des Kollegiums die Entscheidung der Schulaufsicht herbeizuführen hat bzw. daß die Schulaufsicht Beschlüsse aufhebt, die gegen Verwaltungsvorschriften verstoßen (Sch.-H., NRW, Hessen). In Schleswig-Holstein kann die Konferenz in einer Art Ermächtigungsakt dem Leiter sogar die selbständige Erledigung bestimmter Angelegenheiten übertragen, ohne daß der Vorgang umkehrbar wäre. Die Gleichheit zwischen Schulleitern und Lehrern wird dagegen dort betont, wo beide dasselbe Recht haben, gegen einen Beschluß der Gesamtkonferenz eine Entscheidung des zuständigen Schulaufsichtsbeamten herbeizuführen (Berlin), wo unaufschiebbare Entscheidungen als Alleingang des Direktors grundsätzlich verhindert werden (NRW). Dort muß sich der Schulleiter, der eine Konfrenz nicht mehr einberufen kann, mit dem Lehrerrat beraten, zumindest aber mit zwei weiteren Mitgliedern der Gesamtkonferenz. Dem hierarchischen Konzept entspricht es, wenn die Informationsbefugnisse einlinig von oben nach unten festgelegt sind (Sch.-H.). Die Rechte auf der unteren Ebene sind dagegen grundsätzlich als größer einzuschätzen, wenn mit der Beschlußfähigkeit eines Gremiums, hier der Gesamtkonferenz, die Auflage verbunden ist, Entscheidungen und Entschlüsse nach oben weiterzugeben (NRW). In der Konferenzordnung von Nordrhein-Westfalen gibt es auch Anzeichen für umkehrbare Kontrollfunktionen. Das Protokoll einer Lehrerkonferenz z. B. ist so abzufassen, daß für jeden Kollegen überprüfbar ist, ob der Schulleiter Ort, Zeit und Tagesordnung ordnungsgemäß bekanntgegeben hat und die beschlossenen Einladungen z. B. von zusätzlichen Fachberatern erfolgt sind. Wege zur Demokratisierung wären auch an der Teilnehmerschaft ablesbar. Für Hessen und Nordrhein-Westfalen bleibt es Kann-Vorschrift, ob Eltern- und Schülervertreter eingeladen werden. In Berlin und Schleswig-Holstein ist deren Anwesenheit mit beratender Stimme Pflicht. In Berlin gehören zur Gesamtkonferenz Vorsitzender und Vertreter des Elternausschusses; die Schulsprecher der Schülermitverwaltung müssen bei allen die SMV betreffenden Angelegenheiten sowie zu diversen anderen Punkten eingeladen werden. In Schleswig-Holstein gehören mit dem einzigen Vorbehalt einer Stufung nach Schulgröße grundsätzlich maximal fünf Eltern- und fünf Schülervertreter zur Gesamtkonferenz. Wenn die Konferenzen laut Konferenzordnung „das kollegiale und pädagogische Zusammenwirken der Lehrer fördern“ sollen (Hessen § 2), ist diese Zielsetzung wenig glaubhaft, wenn die Gremien nur mindestens einmal im Jahr tagen müssen (Hessen, Sch.-H., NRW). In Berlin ist per Gesetz deshalb festgelegt, daß mindestens sieben ordentliche Gesamtkonferenzen im Jahr stattfinden müssen.

Wenn man die inhaltlichen Aufgabenbereiche der verschiedenen Konferenzen (Gesamtkonferenzen, Klassenkonferenzen, Fachkonferenzen u. a) miteinander vergleicht, zeigt sich sehr deutlich, daß bei der Konzeption einer Konferenzordnung pädagogisch-didaktische Spielräume in sehr unterschiedlichem Umfang genutzt werden, d. h. daß in der Beschreibung unterschiedlicher Aufgabenbereiche gleicher Gremien ein divergierendes Verständnis schulischer Aufgaben steckt. Im Rahmen der Fachkonferenz weichen die Vorstellungen noch am wenigsten voneinander ab, weil ein Unterrichtsfach als solches bereits eine genauere Aufgabenbeschreibung für den Fachlehrer und damit für die Fachkonferenz darstellt. In Berlin, Hessen, Nordrhein-Westfalen und Schleswig-Holstein gehört es mithin in die Kompetenz der Fach-, Fachgruppen- oder Fachbereichskonferenzen, didaktische und methodische Fragen des Faches zu behandeln, Arbeitspläne im Rahmen der Bildungspläne aufzustellen und zu koordinieren, ferner Vorschläge zu machen für die Einführung von Lehr- und Lernmitteln sowie den Aufbau von Sammlungen, Fachräumen und Werkstätten. Nur Hessen weist darauf hin, daß auch Beratung und Beschluß über die Einführung neuer Unterrichtsverfahren zu den Pflichtaufgaben einer Fachkonferenz gehören, d. h. daß die Innovation mit eingeplant wird. Während in Berlin allgemein noch die Beschäftigung mit der wissenschaftlichen Weiterentwicklung und Fachliteratur verlangt wird, sollen die Fachkonferenzen in den übrigen drei Ländern konkret Vorschläge für die Förderung der Weiterbildung der Lehrer machen. Hessen und Nordrhein-Westfalen denken in diesem Zusammenhang eigens noch an die Zusammenarbeit mit Fachverbänden und die Besetzung von Ausschüssen und Arbeitsgemeinschaften. Wichtig als Korrektiv gegenüber möglichem Fachegoismus, aber nur in Schleswig-Holstein berücksichtigt, ist die Auflage, mit den anderen Fachkonferenzen zusammenzuarbeiten. Nur auf einer solchen Basis wären langfristig Vorbereitungen denkbar, um die willkürliche Gliederung unseres Schulunterrichts in Fächer durch verstärkte Förderung von fächerübergreifenden Curricula und Projektunterricht abzuschwächen.

Bei der Aufgabenbeschreibung der Klassenkonferenz werden die Divergenzen zwischen den vorliegenden Konferenzordnungen größer, weil die Klasse als pädagogische Aufgabe weit weniger eindeutig festliegt als ein Unterrichtsfach. Die Übereinstimmung beschränkt sich denn auch auf die Gebiete, die durch die Schulverwaltung festgelegt sind und deren Bearbeitung für den reibungslosen Ablauf der Verwaltung erforderlich ist: Die Beurteilung der Schüler in Form von Noten, Zeugnissen und Versetzungen, die Festlegung von Umfang und Verteilung der schriftlichen Klassenarbeiten nach den Richtlinien und die Beratung über das Maß der Hausaufgaben. In Hessen, Nordrhein-Westfalen und Schleswig-Holstein müssen auch Verstöße gegen die Schulordnung, Fragen des schriftlichen Verweises, des Ausschlusses vom Unterricht usw. von der Klassenkonferenz behandelt werden, wenn kein anderes Gremium zuständig ist.

Mit den genannten Aufgaben sind vorwiegend Maßnahmen in die Kompetenz der Klassenkonferenz gerückt, die nicht pädagogischer Fragestellung entstammen, sondern bürokratischem Interesse an uniformer Behandlung, Normierung und Kontrolle. Ein pädagogischer Auftrag könnte sich hinter der Formulierung verbergen, daß die Klassenkonferenz für die Gestaltung der Bildungsarbeit in der Klasse bzw. die Zusammenarbeit aller in der Klasse unterrichtenden Lehrer (NRW, Hessen) zuständig ist sowie für die Einrichtung freiwilliger Arbeitsgemeinschaften (NRW, Hessen) bzw. die Gestaltung von Studienfahrten, Klassenausflügen und dergleichen. Dabei müßte dann aber die Überlegung im Vordergrund stehen, wie Stoffe, Methoden und Verhalten beschaffen sein müßten, damit jeder Schüler eine Chance zur bestmöglichen Förderung erhielte. Dazu gehörte ferner eine enge Zusammenarbeit mit der Klassenpflegschaft, wie sie in Nordrhein-Westfalen auch im Programm steht. Ferner sollen die Klassenkonferenzen dort und in Hessen insoweit auf Bedürfnisse von Schülern eingehen, daß sie auch über Anträge des Klassensprechers beraten und beschließen.

Die Gesamtkonferenz oder Lehrerkonferenz gilt in jeder Konferenzordnung als das höchste Beschlußorgan einer Schule im Rahmen der ihr durch Gesetz übertragenen Aufgaben. Im einzelnen verbergen sich hinter dieser Formulierung jedoch sehr unterschiedliche Befugnisse. Während die Gesamtkonferenz in Berlin, Hessen und Nordrhein-Westfalen über alle ihr zudiktierten Aufgaben beraten und beschließen kann, steht ihr in Schleswig-Holstein zu verschiedenen Punkten nur Aussprache oder Vorschlagsrecht zu, z. B. Aussprache über Grundsatzfragen der Anwendung von Lehrplanrichtlinien und Lehrmethoden sowie von Runderlassen der Schulaufsichtsbehörde oder über Vorschläge zur Einführung von Unterrichtsveranstaltungen, soweit die Stundentafel der Schule die Entscheidung überläßt.

Die Abstufung der Befugnisse und vor allem deren inhaltliche Beschreibung führen dazu, daß es zwischen den Konferenzordnungen relativ wenig Konsens darüber gibt, was zu den eigentlichen Aufgaben einer Konferenz gehört – wiederum ein Zeichen für vorhandene Spielräume rechtlicher wie pädagogischer Natur. So findet sich in den genannten vier Ländern nur die Verteilung der Haushaltsmittel als allen Gesamtkonferenzen gemeinsame Aufgabe. Bei den anderen Aufgaben besteht nur noch partielle Übereinstimmung zwischen den Konferenzordnungen: beim Thema Hausaufgaben und Klassenarbeiten, bei der Frage der Vereinheitlichung von Beurteilungsmaßstäben (in Sch.-H. nur Aussprache), dem Erlaß einer Schul- und Hausordnung, der Behandlung von Verstößen gegen die Schulordnung u. a..

Es soll deshalb noch kurz auf die Tendenzen hingewiesen werden, die in dem je speziellen Gefüge der Rechte und Kompetenzen der Gesamtkonferenzen pro Bundesland stekken. Die Schleswig-Holsteinische Konferenzordnung überträgt der Gesamtkonferenz als dem entscheidenden schulischen Gremium der Lehrer keinerlei pädagogische Kompetenz, die über die Aufgaben des Lehrers, mit Kindern bestimmte Stoffe zu erarbeiten, hinausginge. Alle Aufgaben bleiben in dem Rahmen, der durch Gesetze und Verordnungen reichlich eng gesteckt ist und vorab dem reibungslosen Verwaltungsablauf dient. Über Hausaufgaben, Zensuren und Verweise soll zwar gesprochen werden, aber nicht mit der Absicht, sie als Probleme zu erkennen und aufgrund ihrer pädagogischen Fragwürdigkeit evtl. anders lautende Beschlüsse zu fassen. In Berlin gehört es demgegenüber zur ersten prinzipiellen Aufgabe, daß Gesamtkonferenzen unter einem pädagogischen Thema stehen und die Ergebnisse neuer pädagogischer Forschungen berücksichtigen. Folgerichtig sind sie befugt, Anträge auf Genehmigung von neuen Organisationsformen des Unterrichts und der Schule zu stellen. Vorschläge zur Entwicklung, Gliederung und Änderung der Schule sollen auch die Gesamtkonferenzen in Hessen und Nordrhein-Westfalen machen. Während Berlin am stärksten das innovative Denken und Handeln in Fragen der inneren und äußeren Schulgestaltung zum Pflichtprogramm erhebt, fallen in Hessen und Nordrhein-Westfalen die Demokratisierungstendenzen der Gesamtkonferenz auf. So wird von der Gesamtkonferenz in Nordrhein-Westfalen der Lehrerrat gewählt, der das engere Beratungsgremium des Schulleiters verkörpert, ferner können die Kollegen Vorschläge für die Besetzung von Förderungsstellen machen.

1.3.3. Schul- und Hausordnungen

Während Schulverwaltungsgesetze und Konferenzordnungen Sache des Landes sind, das einheitliche Vorschriften für alle Schulen erläßt, gehören Schul- bzw. Hausordnungen laut Konferenzordnung zum Aufgabenbereich der Schulkonferenz; d. h. jede Schule hat eine eigene Schul- oder Hausordnung. Damit eröffnet sich von Anfang an ein breites Spektrum möglicher Vorstellungen von Schule. Die Vorschriften für die äußere Gestaltung und den Ablauf des Schullebens werden in der Praxis nicht immer von der Konferenz beschlossen. Als Unterzeichner, wenn überhaupt vorhanden, treten auch Schüler, Schulsprecher oder Schülermitverwaltung, Lehrer, Leiter und obere Schulaufsicht auf. Die unterschiedliche Autorenschaft darf indes nicht als Indiz für eine grundsätzlich unterschiedliche Konzeption der Hausordnung verstanden werden. Es besteht kein funktionaler Zusammenhang zwischen Autorenschaft bzw. den Unterzeichnern und der Art der jeweiligen Schulordnung. Schulordnungen entstehen primär aus der rechtlichen Notwendigkeit, schulische Bereiche der Sicherung und Haftung zu bezeichnen und eine – von der Zahl der Mitglieder her – als Großbetrieb anzusprechende Organisation durch bestimmte Maßnahmen zu regulieren. Im Mittelpunkt aller Hausordnungen werden deshalb gleichlautende Fragen abgehandelt, die sich auf Schulweg und Verlassen der Schule, Pausenordnung, Aufenthalt in Klassenraum und Schulgebäude, Benutzen und Abstellen von Fahrzeugen sowie die Behandlung schulischen Eigentums allgemein beziehen. Ziel der gebotenen Maßnahmen im juristischen Sinne ist die Verhinderung von Gefahr und Schaden für Personen und Sachen.

Trotz dieser allen gemeinsamen Grundabsicht weichen die Hausordnungen in ihrem schulischen Selbstverständnis stark voneinander ab. Das zeigt sich in der Zusammenstellung der inhaltlichen Aspekte ebenso wie in der sprachlichen Formulierung oder der Wahl der Adressaten – hier untersucht an einer beliebigen Sammlung von 28 Schul- bzw. Hausordnungen aus Schleswig-Holstein (darunter 11 Hausordnungen von Gymnasien, 5 von Real-, 7 von Haupt- und 2 von Sonderschulen). Mit der nüchternen Ausrichtung auf Fragen der Sicherung und Haftung werden die Schulordnungen fast nur von Gymnasien eingeleitet, die allenfalls noch den Begründungszusammenhang mit der nötigen Aufgabenerfüllung oder der Funktionsfähigkeit der Schule anführen. In den Hausordnungen vor allem der Hauptschulen werden die Fragen der Sicherheit und Haftung dagegen vor dem Hintergrund einer Ideologie der Schulgemeinschaft zu moralisierenden Vorschriften für das Verhalten umgewandelt. So wird nicht selten ein enger Zusammenhang zwischen einem geordneten Ablauf des Schullebens, gutem Benehmen und dem Ansehen der

Schule hergestellt. Dominant werden dabei Forderungen nach Ordnung und Sauberkeit, wobei der Begriff der Ordnung als einer möglichen Kategorie für geregelte Abläufe mit dem Begriff der Ordentlichkeit als einem persönlichen Charaktermerkmal vermischt wird. Während die Schulordnungen für Gymnasien weitgehend darauf verzichten, mit Tugendbegriffen zu argumentieren, konzentrieren sich in den Hausordnungen für Hauptschulen Vorschriften über die Pflege privater Tugenden. Schülerinnen und Schüler sollen höflich, gehorsam, kameradschaftlich, sauber, ordentlich, hilfsbereit, rücksichtvoll, pünktlich, gewissenhaft, vorbildlich und bescheiden sein. Während in einigen Hausordnungen Begründungen für einzelne Maßnahmen angeführt werden (wer seinen Stuhl selbst auf den Tisch stellt, erleichtert dem Reinigungsdienst die Arbeit), werden die hinter den Anweisungen stehenden Ziele von Ordnung und Sauberkeit in den meisten Texten zum Selbstzweck. Schule scheint aufgrund ihrer Hausordnung an nichts so sehr interessiert als an Sauberkeit und Ordnung. Eine Sonderschulhausordnung erwähnt diese Tugenden nicht weniger als elfmal.

Die erzieherischen Aufgaben von Schule und Unterricht, zu deren Gelingen bestimmte Maßnahmen erforderlich sind, werden dabei aus dem Blick verloren. In vielen Fällen ist keine größere Diskrepanz zwischen den Erziehungszielen der Schule, wie Förderung des einzelnen auf seine geistige und soziale Reife hin, und dem Negativkatalog einer von Verboten regierten Schulordnung denkbar. Nur zwei Formulierungen aus 28 vorhandenen Texten weisen positiv darauf hin, daß Pausen der Erholung dienen und daß jedes Kind ein Recht auf Spielen hat. Ansonsten muß es schon als positiv verbucht werden, wenn einzelne Texte das Wort ‚verboten' wenigstens sprachlich zu vermeiden suchen. In der Mehrzahl der Fälle häufen sich die Verbote derart, daß man die Texte sinngemäß als ‚Schulordnung gegen Schüler' bezeichnen müßte. Hausordnungen können wir deshalb mit Mollenhauer bezeichnen als „symbolische Techniken, den Spielraum für Situationsdefinitionen durch den Educandus einzuschränken" (Mollenhauer 1972, S. 124). Das Bild vom

Schüler, das sich hinter einer solchen Konzeption der Schulordnung verbirgt, charakterisiert ihn von vorherein als einen unordentlichen, mit Personen und Sachen schonungslos umgehenden Schüler. Ein illustratives Beispiel heißt „Halte Dich fern von Fahrrädern. Sonst kommst Du in den Verdacht, sie beschädigen zu wollen." Nach den bisherigen Darlegungen wird es kaum überraschen, daß die Schulordnung nur in Ausnahmefällen alle Mitglieder der Schule wie Schüler, Lehrer, Sekretärin, Hausmeister und Raumpflegerin einbezieht. In der Regel ist sie ausschließlich für (bzw. gegen) Schüler geschrieben, obwohl die Präambeln Schule gern als gemeinsame Arbeitsstätte von Schülern und Lehrern kennzeichnen. Je nachdem, wie stark eine Schulordnung mit ihren Vorschriften mögliche Konflikte und Verstöße vermeiden oder gewaltsam lösen will, droht sie mit Sanktionen im Falle der Nichteinhaltung der Vorschriften. Die Skala der angedrohten Maßnahmen reicht von Eintragung ins Klassenbuch, Rüge, Tadel, Beteiligung an Reinigungsarbeiten, Benachrichtigung der Eltern, schriftlichem Verweis bis zu Strafanzeige, Auswirkung auf Betragenzensuren, Verpflichtung zum Schadenersatz und Hinweis auf die Haftung der Eltern. Der Fülle der Einschränkungen und Sanktionen entspricht der Mangel an Rechten und Initiativmöglichkeiten auf seiten des Schülers – nur zweimal fand sich in unseren Dokumenten ein Hinweis auf das Beschwerderecht des Schülers.

Von der Funktion der Schulordnung vorgegeben, dominiert die Vorstellung von Schule als einer Ordnung wahrenden Instanz, die sich zwischen den Polen einer primär juristisch verstandenen Haftpflicht und einer moralischen Vormundschaft für die Jugendlichen bewegt. In den meisten Fällen erwecken die Hausordnungen den Anschein, daß Schulbetrieb völlig harmonisch regelbar ist. Sofern aber mit Konflikten gerechnet wird, soll die Schulordnung sie mit organisatorischen und disziplinarischen Maßnahmen bewältigen helfen. Daraus erhellt, daß Konflikte nicht als bedingt durch den Charakter der Schule als Institution mit verschiedenen Rollenträgern und Interessengruppen angesehen werden, sondern als bedingt durch die mangelnde

Angepaßtheit der Schüler an die Ordnungsvorstellungen dieser Schule. Der Schülerschaft, der überwiegend nur die Fähigkeit zum Fehlverhalten zugetraut wird, wird deshalb mit Anordnungen, Zwängen und Repressionen begegnet, ohne daß man bedenkt, wie eine solche Schulordnung den Verstoß geradezu provozieren muß. „Die Lehren, die in einer Schule im Auftrag der Gesellschaft verbreitet werden, werden auf der Grundlage der Erfahrungen interpretiert, die Schule als Institution gesellschaftlichen Lebens über die gesellschaftliche Wirklichkeit vermittelt. Über die von Lehrern geplante Wirklichkeit der Schule gibt die Schulordnung Auskunft" (Schulz 1967, S. 77).

1.4. Auswertung: Aufbau schulischer Autonomie

Die Analyse schulpolitischer Dokumente bestätigt die Befunde aus der theoretischen und empirischen Forschung der Organisationssoziologie, speziell der Betriebssoziologie und der Bürokratieforschung. Schule ist überwiegend gekennzeichnet als eine bürokratische Organisation mit hierarchischen Strukturen, einseitig von oben nach unten verteilten Entscheidungsbefugnissen und Kontrollrechten sowie der Betonung von Reglementierungen und Verwaltungsvorschriften. Die meisten Maßnahmen sind bestimmt vom Interesse an überschaubarer, uniformer Behandlung, Normierung und Kontrolle. Besonders offenkundig wird diese nach Status und Ranghöhe sich bemessende Verteilung von Rechten und Pflichten im Lehrer-Schüler-Verhältnis. Wenn man das Lehrer-Schüler-Verhältnis unter der Frage der Situationsdefinition betrachtet, dann begünstigen die institutionellen Bedingungen mit der hierarchischen Stellung des Lehrers und seinem generationsmäßigen Übergewicht eindeutig den Lehrer als den, der die unterrichtlichen und erzieherischen Situationen definiert, d. h. das Lehrer-Schüler-Verhältnis einseitig als Autoritäts- und Abhängigkeitsverhältnis für den Schüler bestimmt.

Auf die eingangs gestellte Frage ist damit bereits eine erste Antwort gefunden. Schule als bürokratische Organisation mit institutionell festgelegten Regeln der Macht- und Kompetenzverteilung, der vorgeschriebenen Über- und Unterordnung bietet ungünstige Voraussetzungen für die erzieherische Aufgabe, die wir als kommunikatives Handeln bestimmt haben. Die Interdependenz zwischen bestimmten Organisationsstrukturen und den Möglichkeiten zur Interaktion betonte auch Bidwell, wenn er die Forderung nach einer entbürokratisierten Schule mit der Lehrer-Schüler-Interaktion begründet, die sich regulativen Prinzipien wie der Routine oder Kontrollierbarkeit entzieht. Lehrer-Schüler-Interaktionen, die den Aufbau von Diskurstüchtigkeit einleiten sollen, verlangen auf seiten des Lehrers die Möglichkeit zur Rollendistanz und zur Neudefinition von Situationen, und das wiederum verlangt auf seiten der Organisation die Bereitstellung von institutionell gesicherten Handlungsspielräumen für die an der Interaktion Beteiligten.

1.4.1. Die Neubestimmung des Verhältnisses von Recht und Erziehung

Die Analyse schulpolitischer Dokumente bestätigt das Urteil über die westdeutsche Schule, wie es auch von juristischer Seite formuliert wird, nämlich „daß das Demokratisierungspotential im schulischen Bereich schmal ist“ (Sturm 1974, S. 1). Sturm kennzeichnet die Schule als Unterbau in der Hierarchie der staatlichen Kultusverwaltung (auch Heckel 1974). Der Widerstand, den ihre Organisationsstruktur der Verwirklichung demokratischer Rechte leistet, hat deshalb in der jüngeren juristischen Literatur zu der Frage nach der Rechtsstaatlichkeit mancher Schulverwaltungs- und Schulrechtsgrundsätze geführt (Schmidt 1971, S. 47 ff.; Heckel/Seipp 1969^4, S. 364 ff.). Lehrer und Schüler beispielsweise unterliegen der Staatsgewalt in einem besonderen Gewaltverhältnis (Müller 1969). Das bedeutet seitens des Staates eine faktische, nahezu bedingungslose Überlegenheit, die ein tatsächliches, aber kein Rechtsverhältnis begründet; d. h. daß die Rechte und Pflichten der Untergebenen vom Dienstherrn ohne gesetzliche Ermächtigung bestimmt werden. Im besonderen Gewaltverhältnis, sagt Schmidt, herrschen Verwaltungsvorschriften, nicht aber Rechtsakte, so daß teilweise sogar die Geltung der Grundrechte bestritten wird. Historisch resultiert das besondere Gewaltverhältnis noch aus einer obrigkeitsstaatlichen Doktrin, „mit der sich die Exekutivgewalt absolute Reservate schuf" (Sturm 1974, S. 3). Aus dem jeweiligen Anstaltszweck (Gefängnis, Kaserne, Schule) wurden „inhärente Grundrechtsschranken" abgeleitet wie fehlender Grundrechtsschutz oder Verwaltungsunterworfenheit statt Gesetzmäßigkeit sowie die Unmöglichkeit, ein Gericht anzurufen. Mit der öffentlichen Diskussion dieses Tatbestandes ist ein Prozeß eingeleitet worden, den man als die langsam zunehmende Tendenz der gesetzlichen Normierung bezeichnen könnte. Sie beinhaltet z. B., daß verwaltungsautonome Regelungen durch Rechtsnormen ersetzt werden, zu deren Erlaß der Gesetzgeber die Exekutive ermächtigt (Kell 1973, S. 38; Sturm 1974). Schulordnungen, die sich mit dem Schulverhältnis beschäftigen, ergehen dann nicht mehr – wie bisher üblich – ohne gesetzliche Ermächtigung durch Verwaltungsanordnung, sondern werden in Form von Rechtsverordnungen erlassen. Diese Neubestimmung des Verhältnisses zwischen Recht und Erziehung schafft die Bedingung der Möglichkeit, daß „die vorherrschenden konservativen Wirkungen des Rechts auf Reformansätze im Bereich des Erziehungswesens abgeschwächt werden können" (Kell 1973, S. 35) und „daß die Einordnung der Schule in die rechtsstaatliche Ordnung gesichert ist" (Sturm 1974, S. 2). Sie schafft also die entscheidenden Voraussetzungen für die Demokratisierung der Schule.

Im Strukturplan des Deutschen Bildungsrates wird die Reform der Bildungsverwaltung deshalb unter die Forderung gestellt, daß Verwaltungsrecht wie Verwaltungspraxis primär von den Bildungsaufgaben und nicht von den Bildungsinstitutionen her entwickelt werden müssen (Dt. Bildungsrat 1970, 254 f.; Becker 1971, S. 100 ff.). Wegen der Relevanz der schulischen Erziehung für das Gemeinwesen muß ausgeschlossen bleiben, daß Fragen der Lernziele, der Erziehungsmaßstäbe, der Auswahl der Lehrinhalte und

Lehrgegenstände den Verwaltungsbehörden überlassen bleiben (Sturm 1974). Die fruchtbare Bewältigung der Bildungsaufgaben hängt aber entscheidend davon ab, daß den an der Schule beteiligten Gruppen hinreichend Spielräume zur Freisetzung ihrer Handlungsautonomie gewährt werden.

1.4.2. Konzepte zum Aufbau der schulischen Autonomie

Die Diskussion um die Verrechtlichung der Schulgesetzgebung und die Gewinnung neuer Rechtspositionen für Lehrer, Schüler und Eltern konzentriert sich in starkem Maße auf die Schulverfassung, mit der teils nur die Form der Schulleitung, teils Mitbestimmungsrechte allgemein angesprochen werden.

Nach Oppermann (1969) kann „ein wesentlicher Entwicklungszug in der Anpassung der anstaltlichen Rechtsgestalt der Schule an die Forderungen der freiheitlich-demokratischen Verfassungsordnung . . . in der zwar ländermäßig verschiedenen, im Grundsatz jedoch allgemeinen Tendenz zur Verstärkung der Elemente *kollegialer Schulverfassung* erblickt werden" (S. 197). Unberührt davon bleibt die Tatsache, daß auch der Schulleiter in einem Leitungsteam ein hinreichendes Maß an alleiniger Entscheidungsbefugnis behält. Die Bildungskommission des Deutschen Bildungsrates führt zur Begründung an, daß die Funktionsfähigkeit der Schulleitung und -verwaltung wichtiger ist als die unmittelbare Kontrolle jeder Einzelentscheidung durch die Konferenz. Die stärkere Ausrichtung der innerschulischen Strukturen an demokratischen Leitvorstellungen wird trotzdem nicht in Frage gestellt, weil eine einschneidende Veränderung bei der Berufung des Schulleiters vorgeschlagen wird. Da die Schulleitung sowohl der Schulaufsicht und dem Schulträger wie auch der innerschulischen Willensbildung gegenüber verantwortlich ist, verlangt das Berufsverfahren eine doppelte Legitimation. „Unter Wahrung der staatlichen Personalhoheit und der jeweiligen Mitwirkungsrechte des Schulträgers ist die Berufung der Schulleitung von Vorschlag oder Wahl durch Gremien der Schule abhängig zu machen" (Dt. Bildungsrat 1973, S. 31 f.). Die prinzipiell verstärkte Kontrollfunktion, die die Schule über die Schulleitung ausüben soll, kommt auch darin zum Ausdruck, daß das Amt der Schulleitung als zeitlich befristet oder abberufbar eingerichtet werden soll. Zur Kontrolle der Leitung und zur Entlastung der primär pädagogisch tätigen Konferenz sind ferner Ausschüsse zu schaffen, die sich z. B. speziell damit befassen, notwendige Entscheidungen der Schulleitung im Rahmen der ihr obliegenden Aufgaben (Einberufung der Schulkonferenz, Koordinierung der Stufen- und Fachgremien, Stundenplanung, Lehraufträge, Vertretungen u. a. m.) vorzubereiten. Die Demokratisierung von Befugnissen manifestiert sich vor allem im sogenannten Vermittlungsausschuß, einem aus Lehrern, Schülern und Eltern paritätisch zusammengesetzten Gremium, das in Konfliktfällen berät und vermittelt und vor dem Erlaß ordnungsrechtlicher Maßnahmen gehört werden muß (Dt. Bildungsrat 1973, S. 33).

Für die Wahrnehmung der erzieherischen Aufgaben der Schule sind in unserem Zusammenhang die Rechtspositionen am wichtigsten, die die *Handlungsautonomie des Lehrers* fundieren und verbessern. Die referierten Untersuchungen und analysierten Dokumente enthalten durchaus Ansätze zur Entbürokratisierung bzw. Demokratisierung der Schulstruktur mit Funktionserweiterungen für den Lehrer, besonders im pädagogischen Bereich. Aber es kann keineswegs behauptet werden, wie Heckel (1974, S. 33) es tut, daß der Demokratisierungsprozeß innerhalb der Lehrerschaft abgeschlossen ist, daß die Rechte der Konferenz, des einzelnen Lehrers und der Personalvertretung gesichert und im Bewußtsein der Lehrer gefestigt sind. Sonst bliebe unverständlich, warum der Deutsche Bildungsrat besonders großes Gewicht darauf legt, die Rolle des Lehrers bei Kommunikations- und Entscheidungsprozessen abgesichert zu sehen. Da der Lehrer vor allem in seiner primär erzieherischen Funktion, *nämlich* als ausgebildeter pädagogischer Fachmann stärker zur Geltung kommen soll, erfährt die Konferenz als vorrangiges Funktionsgremium der Lehrerschaft eine neue Aufgabenbeschreibung. Für die Bildungskommission sind die Funktionen vorrangig, die sich unmittelbar auf die

Gestaltung von Unterricht – Differenzierung, Curriculumkonstruktion, -erprobung, -einführung usw. – beziehen. Die Lehrer, die als die ausgebildeten Kräfte im Unterschied zu Eltern und Schülern solche Entscheidungsprozesse im wesentlichen herbeizuführen und zu verantworten haben, brauchen deshalb in ihren Beschlußgremien – wie allen Arten von Konferenzen – grundsätzlich die Mehrheit. Damit wird die selbständige Verantwortung des einzelnen Lehrers wie die der gesamten Lehrerschaft als Kooperationsgremium auf Konferenzen zur entscheidenden Bedingung für die Funktionsfähigkeit einer verstärkt selbständigen Schule (Dt. Bildungsrat 1973, S. 21 f. und 32 f.). Der „Abbau der totalen Reglementierung durch die Schulverwaltung" muß dafür den Rahmen schaffen, wenn nicht mehr Rechte der einen Gruppe – z. B. der Lehrer – zu Lasten der anderen Gruppen – Schüler und Eltern – gehen sollen (Kell 1973, S. 40).

Was diesbezüglich in den vergangenen Jahren an Überlegungen zur Reform der inneren und äußeren Gestalt der Schule einschließlich ihrer Verwaltung in der Organisationssoziologie, in der Bürokratieforschung und im Schulrecht angestellt worden ist, hat seinen Niederschlag im Konzept der materiellen Selbstverwaltung gefunden. „Materielle Selbstverwaltung bedeutet nicht die formelle und institutionelle Verselbständigung der einzelnen Schule als mittelbare Staatsverwaltung durch juristische Personen des öffentlichen Rechts, sondern einen Verdichtungsgrad von dezentralisierten Kompetenzen, der das bisherige Subordinationsverhältnis der einzelnen Schule auf der untersten Stufe einer Verwaltungshierarchie ablöst zugunsten einer ständigen Kooperation zwischen den innerschulischen und außerschulischen Organen der Leitung und Verwaltung des Schulwesens" (Dt. Bildungsrat 1969, S. 117). Erläuterungen dazu gibt die Empfehlung der Bildungskommission von 1973. Der Problemzusammenhang, in dem eine verstärkte *Autonomie der Schule* und eine verstärkte Beteiligung der von Schule primär betroffenen Gruppen steht, ist die Frage der Vereinbarkeit von zentraler Verwaltung und dezentraler Gestaltung, von zentraler Planung und dezentraler Verwirklichung. Trotz gesamtgesellschaftlich einheitlich festgelegter Zielsetzungen müssen die individuell schulischen Gegebenheiten, d. h. die konkreten Interessen, Bedürfnisse und Möglichkeiten der jeweils an einer Schule tätigen Lehrenden und Lernenden berücksichtigt werden. Die genannten gesamtgesellschaftlichen Vorgaben sollen in Gestalt von Rahmenrichtlinien erscheinen, die Aussagen machen über die Ziele einer Schule in der Demokratie, die Ziele und Inhalte des Unterrichts, die Unterrichtsorganisation, die Methoden, Medien, Erfolgskontrollen und Verfahrensgrundsätze. Selbständigkeit von Schule kommt darin zur Geltung, daß die Rahmenrichtlinien, wie ihr Name sagt, nur den Rahmen abstecken, aber nicht bis ins einzelne gehende Bestimmungen enthalten. Sie eröffnen Handlungsspielräume, in denen die einzelne Schule nach Maßgabe der Bereitschaft und Fähigkeit ihrer Mitglieder entscheidungsfähig wird. Gerade im Bereich der Unterrichts- und Interaktionsformen, die fast ausschließlich von den jeweiligen personellen Voraussetzungen abhängen, soll die einzelne Schule die Möglichkeit individueller Gestaltung und Änderung erhalten. Unter diese Formel lassen sich weitgehend auch die Vorschläge zur Partizipation einordnen. Darunter versteht die Bildungskommission neue Formen des Zusammenwirkens für Kommunikations- und Entscheidungsprozesse, die sich auf die Organisation von Lernprozessen beziehen.

Gegen das Konzept der verstärkten Selbständigkeit der Schule und der Partizipation von Lehrern, Schülern und Eltern wird bisweilen der Einwand erhoben, daß es die Einheitlichkeit des Schulwesens zugunsten von schulischem Partikularismus gefährde. Sofern Einheitlichkeit über Ziele und Standards hinaus in Verwaltungs- und Unterrichtsdetails gesehen wird, ist dieser Einwand folgerichtig. Dem muß freilich entgegengehalten werden, daß es einen unüberbrückbaren Widerspruch gibt zwischen den uniformierenden Tendenzen von Verwaltung und Lernprogrammierung auf der einen Seite und der erzieherischen Praxis auf der anderen Seite. Erzieherische Praxis, die im Sinne unserer Einleitung auf Diskursfähigkeit der Lehrer und Schüler gerichtet sein sollte, verlangt Sozialkontakte in der Gestalt der persönlichen Lehrer-Schüler-Beziehungen, die Berücksichtigung der individuellen Voraussetzungen des Schülers und vor allem für den Lehrer ein Maß an Handlungsautonomie, das es ihm erlaubt, seine spezifischen Möglichkeiten in den Erziehungsprozeß wie in die Gestaltung der Schulorganisation einzubringen. Wenn die einzelne Schule nicht das besondere Potential, das sie an persönlichen, sachlichen, räumlichen u. a. Mitteln hat, in seiner ganzen Vielfalt und Flexibilität ausnutzt, wird sie es kaum schaffen, ihre Schüler in möglichst breitem Umfang anzusprechen und ihnen schulische Chancen zu eröffnen oder offenzuhalten.

Wir kommen damit ein weiteres Mal auf den unlösbaren Zusammenhang zwischen den Organisationsstrukturen einer Schule und der dadurch ermöglichten oder verhinderten Qualität interaktiver Beziehungen zwischen Lehrer und Schülern sowie der Lehrer untereinander. Ohne den institutionellen Bedingungsrahmen der Schule in seiner Eigenschaft als ein wichtiges verhaltenssteuerndes Element für Interaktionsweisen analysiert zu haben, kann eine Untersuchung dieser schulischen Interaktionen niemals die Perspektive möglicher Veränderung gewinnen. An dieser Stelle berühren sich die Vorschläge zur verstärkten Selbständigkeit der Schule und zur Funktionserweiterung des Lehrers mit den früheren Überlegungen zur Ambivalenz der Lehrerrolle. Ob veränderte Organisationsformen partiell schon geschaffen sind oder erst aufgebaut werden müssen, in der durch Widersprüche gekennzeichneten Struktur der Lehrerrolle ist der Spielraum zu einer autonomen Rollendefinition prinzipiell enthalten. Sowohl von der in den schulpolitischen Dokumenten bezeugten Schulwirklichkeit her als auch von der theoretisch-soziologischen Diskussion her kann der Lehrer sich als Beamter in einer Verwaltungsbürokratie eingliedern und nach Vorschriften handeln oder sich als Erzieher in einer Sozialisationsinstanz verstehen und nach pädagogischen Kriterien entscheiden. Wenn Lehrer trotzdem oft nicht handlungsautonom sind, ist das kein Hinweis auf ihre angeborene Unfähigkeit oder ihre mangelnde Bereitschaft, sondern auf ihre gravierenden Ausbildungsdefizite. Lehrer müssen lernen, daß das Generationsverhältnis zwar nicht umkehrbar ist, daß der Schüler aber trotzdem Rechte und Möglichkeiten hat, sich an der Definition schulischer und unterrichtlicher Situationen zu beteiligen. Sie müssen lernen, daß viele Bedingungen der Schule aufgrund ihres institutionellen Charakters immer festliegen werden, daß aber Spielräume geschaffen und ausgebaut werden können, die die Bedingungen in den Dienst der Erziehungsaufgabe nehmen und nicht umgekehrt. Kommunikationsstörungen werden nie und auf keiner Ebene vermeidbar sein, aber es sind Spielregeln denkbar und vorhanden, die Diskurschancen eröffnen.

Diese Lernprozesse, die die Lehrer durchlaufen müßten, um ihre Berufsrolle der erzieherischen Aufgabe von Schule entsprechend wahrnehmen zu können, sind u. E. identisch mit der schon früher angeklungenen Forderung nach der *Professionalisierung des Lehrerberufs.*

2. Interaktion in der Schulklasse

Mit der bisherigen Analyse der Schule als Organisation haben wir versucht, die Strukturen aufzuzeigen, in denen Erziehungshandeln erfolgt. Diese Strukturen stehen in vielfältigem Widerspruch zu der von uns in der Einleitung geforderten Möglichkeit zum ‚Diskurs'. Als eine weitgehend bürokratische Organisation mit hierarchischem Aufbau bietet die Schule wenig Gelegenheit zur Aus- und Einübung verantwortlicher Beteiligung und Entscheidung und macht vor allem den Schüler zum weitgehend abhängigen Erziehungsobjekt. Diesem Befund wurde entgegengehalten, daß Schulgesetze, Normen, Hausordnungen, Rollenerwartungen trotz aller Präskriptionen das Verhalten der Individuen nicht starr festlegen können, sondern Spielraum für Interpretationen lassen. Dieser Spielraum, so könnte man jetzt weiter argumentieren, gelte wahrscheinlich besonders für die Situation, in der schulische Erziehung maßgeblich erfolgt: für die Unterrichtssituation in der Schulklasse. Hier liege es beim einzelnen Lehrer, das einseitige Autoritäts- und Abhängigkeitsverhältnis zu seinen Schüler zu relativieren und sukzessiv abzubauen.

Demgegenüber weist aber eine Fülle von Untersuchungen, auch und gerade im deutschsprachigen Raum, in ihren Ergebnissen darauf hin, daß die autoritäre Struktur der Schule als Organisation weitgehend ihre Entsprechung im Verhalten der Lehrer im Umgang mit den Schülern findet. Der Unterrichtsalltag scheint, so zeigen z. B. Tausch & Tausch (1971), in erheblichem Ausmaß durch einen „autokratischen" Erziehungsstil charakterisiert zu sein. Diese Untersuchungen und ihre Ergebnisse sind zu bekannt, als daß wir sie hier noch einmal referieren müßten. Wichtiger als die notwendigerweise grobe Beschreibung des Lehrer-Schüler-Verhältnisses im Unterricht als „autoritär" oder „demokratisch" scheint uns eine differenzierte Analyse des Verhaltens im Klassenzimmer zu sein. Bei dieser Analyse gehen wir davon aus, daß Erziehung immer durch *Interaktion*, den Prozeß der wechselseitigen Beeinflussung der

Beteiligten, bestimmt ist. Dies soll unbeschadet der Feststellung gelten, daß die Hauptrichtung der Beeinflussung vom Lehrer zum Schüler erfolgt. Die Berechtigung dieser Grundannahme wird aus dem im folgenden präsentierten Material hervorgehen. Betrachten wir schulische Interaktion vor dem Hintergrund der einleitenden Diskussion der Ziel-Problematik, so wird deutlich: ausgehend von einer Bestimmung der Funktion von Schule in der demokratischen Gesellschaft stellen wir die sozialen Lernziele in den Vordergrund und sehen sie als Basis der Legitimation für inhaltliche Lernziele an. Aus dieser Position heraus wird die Bedeutung der Qualität der Interaktion zwischen den am Erziehungsprozeß beteiligten Individuen betont. Sie muß sich unter dem Aspekt überprüfen lassen, wie weit sie geeignet ist, die Voraussetzungen für das Erreichen des übergeordneten Lernziels ‚Diskurs' aufzubauen. Um eine solche kritische Analyse schulischer Interaktionen vornehmen zu können, sollen zunächst Grundzüge des Interaktionsprozesses skizziert werden. Anschließend wird dieser Prozeß für das Verhältnis Lehrer-Schüler und Schüler-Schüler genauer beschrieben.

2.1. Grundzüge des Interaktionsprozesses

Interaktion besteht immer aus einer Folge von Aktionen und Reaktionen mindestens zweier Personen. Diese einfachste Einheit wird Dyade genannt. Als Beispiele lassen sich die Beziehung des Lehrers zu einem Einzelschüler bzw. zweier Schüler untereinander nennen. Interaktionen in der Schulklasse sind in den seltensten Fällen auf Dyaden beschränkt, sondern erfolgen im Kontext relativ beständiger größerer sozialer Einheiten: Gruppen. Die die Analyse erschwerende Existenz von Gruppen und die in ihnen ablaufenden spezifischen Prozesse haben wichtige Auswirkungen auf das Verhalten von Lehrern und Schülern. Die beabsichtigte Beschreibung der Interaktion wird weiter dadurch kompliziert, daß diese Gruppen durch größere soziale Systeme (Organisationen, gesellschaftliche Schichten etc.) beeinflußt sind und daß jedes Individuum gleichzeitig meist mehreren Gruppen angehört. Darüber hinaus ist jedes Individuum im Laufe seiner Entwicklung nacheinander Mitglied der verschiedensten Gruppen, beginnend mit der Familie. Es hat in ihnen Erfahrungen gesammelt, die in jede gegenwärtige interaktive Beziehung eingebracht werden. Die genannten Faktoren haben gemeinsam, daß sie erst über das Erleben und Verhalten der beteiligten Individuen auf konkrete Interaktionen einwirken. Hier liegt der für die Beschreibung der Grundzüge der Interaktion gewählte Ansatzpunkt.

Das interagierende Individuum wird nicht durch relativ starre Eigenschaften oder ‚Charakterzüge' beschrieben, sondern als dynamisches, veränderbares System hoher Komplexität betrachtet. Dies erfordert, daß wir nach dem Verlauf der Prozesse fragen, die im Individuum während der Interaktion ablaufen und in denen es unter bestimmten Bedingungen der sozialen Situation ein Bild seiner Umwelt, Pläne zur Handlungssteuerung und Verhaltensmuster konstruiert. Vor allem ist die wechselseitige Beeinflussung zwischen externen Bedingungen und individuellen Kognitionen bzw. Verhaltensweisen zu berücksichtigen (vgl. Mischel 1973). Da die Sozialpsychologie eine Reihe von Interaktionstheorien mit unterschiedlichen Ansatzpunkten der Analyse (kognitiv, lerntheoretisch, psychoanalytisch etc.) hervorgebracht hat, müssen die unserer Analyse zugrundeliegenden Annahmen expliziert werden. Sie stützen sich in erster Linie auf Miller et al. 1960 und Argyle 1972:

Das interaktive Verhalten des Individuums ist *zielgerichtet,* es ist orientiert an der Befriedigung individueller Bedürfnisse. Die Ziele beeinflussen jeden Schritt des Interaktionsprozesses. Sie lassen sich als situationsspezifische Konkretisierungen von Motiven und Motivbündeln denken, die das Individuum auf der Basis primärer Bedürfnisse im Laufe seiner Sozialisationsgeschichte gebildet hat. Individuelle Motive und Ziele sind gelernt, d. h. Produkt vorangegangener Interaktionen des Individuums mit der durch Sozialisationsagenten (Eltern, peer groups, Lehrer etc.) repräsentierten sozialen Umwelt (im weitesten Sinne Gesellschaft). Ziele in diesem Sinne können, müssen aber nicht, bewußt sein.

Interaktives Verhalten ist als ein durch ständige *Rückmeldung*, Regelung und Steuerung gekennzeichneter Prozess zu begreifen, durch den die (subjektiv) vorgefundene Wirklichkeit mit dem Soll-Zustand (Ziele) in Bezug gesetzt wird. Es ist keine bloße Reaktion auf Umweltreize, sondern darauf gerichtet, die Bedingungen der Umwelt planvoll unter dem Aspekt der Ziele zu strukturieren und zu verändern.

Interaktives Verhalten ist beeinflußt durch die strukturierten und bewerteten Erfahrungen, die das Individuum in vergangenen Situationen gemacht hat und wirkt modifizierend auf sie ein. Es ist daher als einem permanenten *Lernprozeß* unterworfen zu denken.

Im Rahmen der Grundannahmen der Zielgerichtetheit, des Regelkreismodelles und des Lernens werden die individuell während der Interaktion ablaufenden Prozesse jetzt näher beschrieben. Während einer interaktiven Beziehung nimmt das Individuum über die verschiedenen Sinneskanäle eine Fülle von Reizen auf. Diese Reize werden im Prozeß der *Wahrnehmung* kognitiv verarbeitet, d. h. beeinflußt durch Motive und Ziele, gefiltert, selegiert und nach ihrer Relevanz gewichtet. Sie werden bereits gebildeten kognitiven Strukturen (Konzepten) zugeordnet, die durch interpersonelle Erfahrungen vermittelt und gelernt wurden. Dadurch, daß die Umweltreize in dieser Weise organisiert werden, erlangen sie Bedeutung und Wert für das Individuum. Sie werden in den Zusammenhang bereits gemachter Erfahrungen gestellt und führen zur Herausbildung von Erwartungen und Vorhersagen hinsichtlich weiterer Ereignisse in der Umwelt. Die Verarbeitung der Informationen bereitet somit ein zielgerichtetes interaktives Verhalten des Individuums und die Möglichkeit eines kontrollierten Einwirkens auf die Umwelt vor.

Dazu gehört z. B., daß der jeweilige Ort der Interaktionspartner in verschiedenen Systemen sozialer Klassifikation (Alter, Geschlecht, Beruf etc.), d. h. durch die für die Interaktion relevante ‚Position', bestimmt wird. Solchen Positionen (z. B. älterer männlicher Lehrer) zugeordnet sind gelernte Erwartungen hinsichtlich der Verhaltensweisen, die den Inhaber der Position kennzeichnen. Diese Erwartungen bilden das Konzept der Rolle (vgl. o. S. 16 f.). Die Bildung von Erwartungen ist nicht nur an den genannten groben Orientierungspunkten ausgerichtet. Auf der Basis des wahrgenommenen verbalen und nicht-verbalen Verhaltens des Interaktionspartners wird auf dispositionale Eigenheiten geschlossen (vgl. Heider 1958), es werden Persönlichkeitszüge, Einstellungen und Absichten attribuiert. Darüber hinaus bestehen Vorstellungen über die Zusammengehörigkeit solcher Dispositionen, d. h. ‚implizite Persönlichkeitstheorien'.

Individuen unterscheiden sich im Prozeß der Wahrnehmung der Situation und des Interaktionspartners u. a. dadurch, welche Informationen aus der Umwelt ausgewählt und weiterverarbeitet werden (selektive Wahrnehmung), wie starr oder flexibel die bereits bestehenden Konzepte sind, denen die Informationen zugeordnet werden und welcher Differenzierungsgrad in der Wahrnehmung erreicht wird (kognitive Komplexität). In bezug auf den letzten Punkt ist vor allem die Tendenz zur Bildung übervereinfachender Generalisierungen, d. h. sozialer Stereotype, auf der Grundlage geringer Information zu nennen, die zu einer Verzerrung der Wahrnehmung führen kann. Neben Konzepten, in die sich der Strom von Daten über die soziale Umwelt einordnen läßt, gibt es in der kognitiven Organisation des Individuums ein System, das die Erfahrungen des Individuums mit sich selbst repräsentiert, das ‚Selbst-Konzept'. Wie für die anderen Konzepte gilt auch hier die Annahme, daß es sich als Produkt der Interaktion des Individuums mit seiner sozialen Umwelt entwickelt. Die Reaktionen der sozialen Partner (insbesondere der „signifikanter anderer", G. H. Mead 1968) auf das eigene Verhalten geben im Interaktionsprozeß die Rückmeldung, auf der aufbauend das Individuum sein Selbstbild formt (Cooley 1902: „looking glass self"). Dieses gelernte, Modifikationen zugängliche Selbstkonzept bringt das Individuum beständig in jede neue Interaktion ein. Es trägt wie die anderen Konzepte zur Filterung und Selektion der Umweltreize bei. Wie die anderen Konzepte ist es mit Bedeutung und Wert (self-esteem) verknüpft. Anders als die Mehrzahl der für das

Individuum verfügbaren Konzepte, deren Wichtigkeit sich je nach Motivation, Situation etc. ändert, besitzt das Selbstkonzept in jeder Interaktion eine zentrale Bedeutung. Es bildet einen Bezugspunkt zur Interpretation der über die Sinnesorgane einlaufenden Informationen und hat eine steuernde Funktion für die Entscheidungen, die das Individuum hinsichtlich seiner Reaktion auf die wahrgenommene Umwelt trifft.

Zur Vorbereitung eines zielgerichteten interaktiven Verhaltens des Individuums genügt es nicht, den perzipierten Reizen dadurch Bedeutung und Wert zu verleihen, daß sie in die Konzepte eingeordnet werden, die die kognitive Struktur des Individuums bilden. Wie bereits im Zusammenhang mit dem Selbst-Konzept angedeutet, werden die relevanten Konzepte untereinander in Beziehung gesetzt. Das Individuum versucht, eine *Definition der Situation* (Weinstein 1969, S. 755) zu erstellen, ein kohärentes Gesamtbild der wahrgenommenen materiellen und interpersonalen Situation, in der es sich augenblicklich befindet. Zentralisationspunkte dieser Situationsdefinition sind das Konzept, das sich das Individuum von seinem Interaktionspartner gebildet hat, sowie das Konzept des Selbst in der Situation (vgl. Weistein 1969, situational identity). Den eigenen werden die dem Interaktionspartner attribuierten Intentionen und Ziele gegenübergestellt. Der Versuch wird unternommen, die wechselseitigen Beziehungen der Beteiligten zu bestimmen: Sympathie oder Antipathie, Kooperation oder Wettbewerb, Abhängigkeit oder Autonomie. Bei der Definition der Situation wird nicht nur die eigene Perspektive angelegt, sondern das Individuum versucht, sich in den anderen hineinzuversetzen („taking the role of the other", G. H. Mead 1968). Laing et al. (1971) versuchen, den Prozeß des Perspektivenwechsels, der grundlegend für die adäquate Definition der Situation ist, näher aufzuschlüsseln: die „direkte Perspektive" betrifft die Beziehung des Individuums zum Interaktionspartner, in der „Meta-Perspektive" bildet das Individuum eine Annahme, welche Beziehung der Partner zu ihm hat, in der „Meta-Metaperspektive" schließlich fragt sich das Individuum, welche

Annahme der Interaktionspartner über die Beziehung des Individuums zu ihm hat.

Der beschriebene komplizierte Perspektivenwechsel wird zumindest ansatzweise in jeder interaktiven Beziehung vorgenommen. Daher können wir davon ausgehen, daß der Interaktionspartner bei der Definition der Situation nicht als Objekt betrachtet wird. Indem seine vermutete Definition der Situation, seine Intentionen und erwarteten Handlungen einbezogen werden, wird er zum Mit-Subjekt.

Die Definition der Situation als (subjektive) Beschreibung der Ist-Lage wird auf Übereinstimmung mit den Zielen überprüft, und es wird das *Bild einer Soll-Situation* entworfen. Der Vergleich von Ist- und Soll-Lage ist der Ausgangspunkt für die Bildung von Handlungsplänen, wie a) im Sinne der Ziele befriedigende Interaktionssituationen aufrechterhalten werden können oder wie b) – bei Diskrepanzen – die Situation so verändert werden kann, daß diese sich verringern bzw. aufgehoben werden. Die Soll-Situation, von der hier die Rede ist, ist – gemessen an den Zielen – in der Regel nicht die ideale Situation. Vielmehr wird sie durch die Erwartungen bestimmt, die das Individuum darüber bildet, was ausgehend von der Ist-Lage zu erreichen ist. Auf jeden Fall wird die angestrebte Soll-Situation die Situation sein, von der das Individuum erwartet, daß sie die den Umständen entsprechend höchst bewerteten positiven Konsequenzen (Belohnungen) bietet.

Der Vergleich der Situationsdefinition mit den Zielen ist der Ausgangspunkt für die Konstruktion von *Handlungsplänen.* Dies läßt sich als Teilprozeß des Problemlösens verstehen, in dessen Verlauf das Individuum versucht, verschiedene alternative Verhaltensweisen unter Einbeziehung möglicher Handlungspläne des Interaktionspartners sowie der Wechselwirkung zwischen dem eigenen Verhalten und dem des Partners durchzuspielen und zu prüfen, wieweit sie zur Erreichung der Soll-Situation beitragen. Dabei versetzt sich das Individuum in (vorgestellte) neu entstehende Situationen. Durch eine solche Vorwegnahme von Konsequenzen (Rose, 1967: „symbolische Lösungen") ist es in der Lage, Vor- und Nachteile verschiedener Handlungsabläufe vor einer Entscheidung abzuwägen. In vielen Interaktionsprozessen läuft dieser Vorgang sehr schnell und weitgehend vor- bzw. unbewußt ab. Die Bedeutung der Situation und ihre Interaktionsmuster werden in Analogie zu vergleichbaren erlebten Situationen definiert. Die individuell gemachten (bzw. vermittelten) interpersonellen Erfahrungen haben zu Kategorisierungen sozialer Situationen geführt, die die Bildung eines zusammenhängenden Gesamtbildes erleichtern und den Rückgriff auf gelernte, regelhafte Verhaltensmuster erlauben. Dies trifft insbesondere für häufig wiederkehrende (Standard-)Situationen zu, für die sich eingeschliffene, gleichsam automatisierte Verhaltensabläufe (Rituale) gebildet haben (z. B. Begrüßung eines Bekannten).

In Situationen, die einen geringeren Bekanntheitsgrad haben, ist eine größere Konstruktionsleistung erforderlich. Die jeweiligen, für die Definition der Situation (Ist/Soll) relevanten kognitiven Konzepte werden mit den ihnen korrespondierenden Verhaltenselementen verknüpft. Im Laufe der Sozialisation lernt das Individuum nicht nur Bedeutung und Wert von Symbolen, sondern auch Normen und Regeln des Verhaltens. Es hat Erfahrungen mit den verschiedenartigsten Beziehungsverhältnissen zwischen einzelnen Konzepten und mit entsprechenden Verhaltensmustern gemacht. Das Individuum lernt, welche sozialen Techniken bei bestimmten Kategorien von sozialen Partnern, z. B. bei Inhabern bestimmter Rollen, Trägern spezifischer Einstellungen, Eigenschaftskombinationen etc. mit einer gewissen Wahrscheinlichkeit bestimmte Reaktionen hervorrufen. Diese bereits gedächtnismäßig gespeicherten, z. T. automatisierten Verhaltens„elemente“ werden zu neuen Grundmustern zusammengefügt, d. h. unter Auswahl von Alternativen zu subjektiv situationsadäquaten und zielorientierten Verhaltensplänen verarbeitet. Nahezu jede Interaktionssituation hat neue Aspekte, erfordert von den beteiligten Personen Anpassung und die Kombination von gelernten Verhaltenselementen zu neuen Mustern und Strukturen. Veränderte Zielsetzungen verlangen die Entwicklung mehr oder weniger differenzierter, flexibler Strategien und Taktiken im interpersonellen Umgang. Handlungspläne können zu beobachtbarem Verhalten führen. Das direkt beobachtbare Verhalten des Individuums wollen wir mit Goffman (1959) als *Selbst-Präsentation* bezeichnen. Die Selbst-Präsentation ist keine bloße Reaktion auf Umweltreize. Durch sie versucht das Individuum, die von ihm angestrebte Veränderung der Situation zu erreichen, indem es die Definition der Situation des Partners und damit dessen Verhalten beeinflußt. Es vermittelt dem Partner einen „Eindruck" von sich und seiner Beziehung zu ihm, indem es bestimmte interpersonelle Taktiken anwendet: z. B. Hervorhebung oder Unterdrückung von Information. Das Individuum vermittelt Informationen durch sein verbales und non-verbales Verhalten, das den Partner dazu führen soll, die Schlüsse zu ziehen und Attributionen vorzunehmen, die seine Situationsdefinition in der vom Individuum intendierten Richtung beeinflussen.

Bei der Analyse des Wahrnehmungsprozesses bezeichneten wir die organisierte kognitive Struktur des Individuums, die sich aus der Erfahrung mit sich selbst gebildet hat, als Selbst-Konzept. Der Wahrnehmungs- und Bewertungsseite ist das charakteristische organisierte System des Verhaltens, das das Individuum im Laufe seiner Entwicklungsgeschichte aufgebaut hat, zugeordnet. Für die Entscheidung über die Auswahl der Handlungspläne, die das Individuum realisiert, liegt das Gewicht bei diesem organisierten System des Verhaltens, denn es ist mitverantwortlich für die relative Verhaltenskonstanz der Person über viele unterschiedliche Situationen hinweg. Selbst-Präsentation ist der Kompromiß zwischen dem flexiblen Eingehen des Individuums auf die Anforderungen der Situation und der Beharrlichkeit langfristig erworbener Verhaltensstrukturen. Die Selbst-Präsentation trägt der Beobachtung Rechnung, daß das Individuum je nach Situation unterschiedliche, an die Situation und seine spezifischen Ziele angepaßte Verhaltensweisen zeigt, andererseits jedoch in diesem wechselnden Verhalten die individuelle Identität sichtbar bleibt.

Der bisher dargestellte Ablauf beschreibt die Informationsverarbeitungs- und Problemlösungsprozesse, die vermutlich in allen an der Interaktion beteiligten Individuen ablaufen. Das postulierte Regelkreismodell bleibt jedoch unvollständig, wenn nicht *Rückkoppelung* und *Korrekturhandlung* (Argyle 1972) einbezogen werden. Interaktionen sind, wie bereits hervorgehoben, kontinuierliche Folgen aufeinander abgestimmter Handlungen mindestens zweier Personen. Die Partner entschlüsseln fortlaufend die durch das Verhalten des anderen vermittelten Reize, d. h. ordnen sie in kognitive Strukturen ein, definieren die Situation, entwickeln Handlungspläne und wählen die adäquate Form der Selbstdarstellung. Der Aspekt der Veränderung und der Korrektur ist wesentlich für das Regelkreismodell. Definition der Situation, akzeptierte Form der Selbst-Präsentation etc. sind nicht zuletzt das Produkt des Verhandlungs- und Beeinflussungsprozesses, der zwischen den Partnern stattfindet.

Wo immer bei der Abstimmung der gleichzeitig bei den Interaktionspartnern ablaufenden Prozesse Störungen auftreten, werden sie zu einer Reduzierung des befriedigenden (belohnenden) Charakters der Interaktion bei zumindest einem der Beteiligten führen. Nun wird eine interaktive Beziehung zwischen zwei oder mehr Individuen, außer unter Zwang, nur aufrechterhalten, wenn als Funktion der Teilnahme an der Interaktion die Individuen ausreichend verstärkt werden, d. h. ihnen ein positives Ergebnis (materiell und/oder psychisch) erwächst (Thibaut & Kelley 1959). Ergebnisse werden anhand der Relation von Belohnung und Kosten der Interaktion ermittelt. Je größer die Belohnungen (Beiträge zur Bedürfnisbefriedigung) sind, die ein anderer für eine Person liefern kann, und je geringer die gleichzeitig entstehenden Kosten für die Person, desto mehr wird der Person an einer Fortsetzung der Interaktion mit dem anderen gelegen sein. Dabei richtet sich die Bewertung der Ergebnisse einer Interaktion (ausreichend oder nicht?) nach Vergleichsstandards, die dem Individuum zur Verfügung stehen. Die Vergleichsstandards orientieren sich zum einen an Erfahrungen in vergangenen sozialen Situationen, zum anderen an den alternativ zur Verfügung stehenden Möglichkeiten der Interaktion mit anderen Partnern. Zu einem hohen Belohnungswert einer interaktiven Beziehung tragen u. a. bei: der Grad der Vereinbarkeit der jeweiligen individuellen Ziele; die Ähnlichkeit der Einstellungen, Wertungen, Orientierungen der Interaktionspartner; die Komplementarität des Verhaltens, d. h. die Möglichkeit, jeweils Aktivitäten für den anderen auszuüben, die dieser zur Befriedigung seiner Bedürfnisse braucht und nicht oder nur unter größeren Schwierigkeiten selbst ausüben kann.

2.2. Die Lehrer-Schüler Interaktion

Die dargestellten Grundzüge skizzieren die Informationsverarbeitungs- und Problemlösungsprozesse, die im Individuum während der Interaktion ablaufen. Es soll hier noch einmal die Bedeutung der Rückmeldung über die Kongruenz bzw. Inkongruenz von sozialer Situation und spezifischen Zielvorstellungen für die Aufrechterhaltung eines planvollen, zielgerichteten Verhaltens betont werden. Die vom Individuum gemachten spezifischen Erfahrungen, und damit der gesamte Sozialisationshintergrund, beeinflussen das Verhalten in aktuellen sozialen Situationen, werden jedoch durch den Lernprozeß, der mit dem Durchlaufen des Regelkreises verbunden ist, ständig korrigiert und weiterentwickelt. Die Komplexität des Prozesses macht die Schwierigkeiten deutlich, die mit dem Bemühen verbunden sind, Konzepte, Einstellungen und Verhaltensmuster der Schüler in Richtung auf definierte Soll-Vorstellungen (Lernziele) hin zu entwickeln. Erziehung, die diese „explizierbare Absicht zur Änderung der psychischen Dispositionen anderer" (Mollenhauer 1972, S. 24) voraussetzt, wird unter sozialpsychologischem Aspekt als äußerst störanfälliger Vorgang sichtbar.

Als formeller Leiter nimmt der Lehrer die zentrale Position innerhalb des Interaktionssystems Schulklasse ein. Infolge des vorhandenen Machtgefälles und der bestehenden Abhängigkeiten gehen von ihm die folgenreichsten Belohnungen und Bestrafungen (Kosten) aus. Die Selbst-Präsentation, die von seinen Absichten und Zielen beeinflußt ist, in die über die Definition von Ist- und Soll-Lage (s. o.) jedoch auch die gesamte Struktur der Organisation Schule (was wird erwartet, was ist möglich?) mit ihren Begrenzungen etc. hineinwirkt, dient den Schülern als wichtiger Orientierungspunkt für die Ausrichtung des eigenen Verhaltens. Wir wollen daher zunächst untersuchen, wie sich der aufgezeigte Prozeß auf das Verhalten des Lehrers gegenüber den Schülern auswirkt.

2.2.1. Allgemeine Gesichtspunkte der Lehrer-Schüler Interaktion

Auch ohne besonders erschwerende Bedingungen weist die Interaktion zwischen Lehrer und Schülern zahlreiche potentielle Störungsquellen auf. Schon der Wahrnehmungsstil sowie die Komplexität und Differenziertheit der kognitiven Strukturen der Beteiligten kann Auswirkungen auf die Beziehung Lehrer-Schüler haben. Die soziale Situation in der Schulklasse besitzt für die Beteiligten eine große Vieldeutigkeit, die eine präzise Definition der Situation erschwert. Dem Lehrer steht nur ein Bruchteil der Informationen zur Verfügung, die zu einem vollständigen Verständnis der Reaktion eines Schülers X in einer bestimmten Situation erforderlich sind. Deshalb werden in starkem Maße Interpretationen als Handlungshilfe herangezogen, die – je nach Wahrnehmung – unterschiedlich akzentuiert sein werden. Nimmt der Lehrer nur unter den Rubriken „gut" oder „schlecht" in Hinblick auf Leistung wahr, oder existieren für ihn differenziertere Wahrnehmungsmodi? Flanders (1959) konnte aufzeigen, daß Lehrer mit einer differenzierteren Wahrnehmung des interaktionalen Geschehens in der Schulklasse sich in der Tendenz auch effektiver im Umgang mit Interaktionsproblemen erwiesen. Für eine große Zahl von Lehrern scheint jedoch zu gelten, was Gage, Leavitt & Stone (1956) bzw. Cline (1964) ermittelten: daß sie oft ein sehr ungenaues Bild vom Verhalten ihrer Schüler haben. Der Lehrer wird häufig irgendwelche Vor-Informationen über einen Schüler haben (durch Kollegen, Zeugnisse etc.), wenn er ihm zum ersten Mal begegnet. Die Schüler werden solche Informationen z. T. auch über einen neuen Lehrer besitzen. Ist dieses

„Image“ inadäquat, so wird über die selektive Wahrnehmung die weitere verarbeitete Information verzerrt, führt zu entsprechend verzerrten Situationsdefinitionen und weiter zu Verhaltensweisen, die nicht dem Ziel angemessen sein können, da sie aufgrund falscher Annahmen über die Realität zustandegekommen sind.

Zu den kognitiven Verarbeitungsvorgängen, die in jeder Interaktion wirksam werden, gehört die Attribution (s. o.). Durch diesen Prozeß wird die Definition der Situation über das für die Interaktionspartner direkt Beobachtbare abgerundet. Es wird eine Erklärung des Verhaltens anderer vorgenommen. Die Kausalattribution, d. h. die Ursachenerklärung, hat insbesondere bei der Leistungsbeurteilung große Bedeutung. In sie gehen vorwissenschaftliche Theorien und Überzeugungen des Lehrers über Intelligenz und Begabung, die Wirksamkeit von Anlage und Umwelt etc. ein und führen zu Gewichtungen einzelner Kausalfaktoren, die von Lehrer zu Lehrer oft unterschiedlich sind. Eine verbreitete Tendenz scheint zu bestehen, die persönliche Verantwortung des Schülers (Fleiß, guter Wille etc.) für schulischen Erfolg bzw. Mißerfolg zu überschätzen und gleichzeitig andere wirksame Faktoren, wie z. B. soziale Schicht und Elternhaus, zu unterschätzen. Der Lehrer vermittelt dem Schüler, zum großen Teil auch nichtsprachlich (s. u.), seine Ursachenerklärung und die damit verknüpfte Bewertung der Leistung. Dies kann zu Konflikten führen, denn der Schüler wird einerseits in vielen Fällen die Ursachen z. B. für seinen Mißerfolg anderen Faktoren zuschreiben als der Lehrer, andererseits jedoch wenig Möglichkeiten zur Änderung einer evtl. falschen Kausalattribution des Lehrers haben.

Einen großen Einfluß auf die zugeschriebene Bedeutung des Verhaltens des Interaktionspartners hat die kognitive Kategorisierung unter dem Aspekt der ‚Rolle‘, der Verhaltenserwartungen. Die Erwartungen des Lehrers an den Schüler beinhalten auch Erwartungen hinsichtlich der Kleidung, der Sprache, der Sauberkeit und der Motivation etc.. Die Inhalte der Erwartungen sind z. T. durch die Tatsache erklärbar, daß der Lehrer zumeist der Mittelschicht entstammt. McIntyre, Morrison & Sutherland (1966) konnten aufzeigen, daß die Wahrnehmung des Lehrers von seinen Schülern entsprechend der sozialen Schicht der Schüler variiert. Bei Schülern mit einem anderen Sozialisationshintergrund, die den genannten Erwartungen nicht entsprechen, weil sie z. B. einen anderen Sprachcode verwenden, liegt die Gefahr nahe, daß von der Nichterfüllung gewisser Teilaspekte auf die gesamte Rolle generalisiert wird. Das ist z. B. der Fall, wenn von sprachlich „ungewandten" Schülern insgesamt negative Schulleistungen erwartet werden und man dazu tendiert, sie als generell schlechte Schüler einzustufen. Je weiter der Erfahrungshintergrund des Lehrers von dem des Schülers entfernt ist, etwa bedingt durch unterschiedliche Schichtzugehörigkeit, desto schwerer wird es für ihn sein, sich in diesen Schüler hineinzuversetzen und geeignete Pläne für ein förderndes Verhalten gegenüber dem Schüler zu entwickeln.

Wie das Interaktionsmodell zeigt, werden Erwartungshaltungen über die Definition der Situation handlungsrelevant und bestimmen das Muster künftiger Interaktionen. So wird ein guter Schüler durch den Lehrer relativ viel Ermutigung und Belohnung erfahren (Brophy & Good 1970), die seine Leistungsmotivation stärken und ihn zu weiteren Erfolgen führen. Entsprechend wird der von vornherein als schlechter Schüler eingestufte im Sinne der „self-fulfilling prophecy" nach einiger Zeit auch meßbar schlechtere Leistungen erbringen. Auf derartige Erwartungseffekte haben Rosenthal & Jacobson (1968) aufmerksam gemacht. Das von ihnen durchgeführte Experiment ist mit einer Reihe methodischer Fehler behaftet. Die Zusammentragung der Ergebnisse von Folgeuntersuchungen (Elashoff & Snow 1972) sowie die Ergebnisse einer Untersuchung, über die Heckhausen (1974) berichtet, bestätigen jedoch grundsätzlich die gravierende Auswirkung der Lehrererwartungen auf Schulleistung und Verhalten der Schüler (Lohmann 1974). Schüler tendieren dazu, für sich selbst die Einstellung des Lehrers als „signifikanter Anderer" besonders im Hinblick auf schulische Leistungen zu übernehmen. Berücksichtigen wir die Tatsache, daß der Schüler sich in einem Entwicklungs- und Sozialisationsprozeß befindet, so können wir annehmen, daß die Erwartungen relevanter Personen der Umwelt nicht nur sein situatives Verhalten und seine augenblickliche Leistung beeinflussen, sondern durch die Rückwirkung auf das Selbstbild und das Selbstwertgefühl seine gesamte Persönlichkeit und künftige Entwicklung. Auch dann, wenn der Lehrer nur fachliche Leistungen und inhaltliches Wissen beeinflussen und kontrollieren will, geht die tatsächliche Wirkung seines Verhaltens auf den Schüler weit über diesen Rahmen hinaus.

Die Erwartungen des Lehrers an den Schüler können sich z. T. auf sehr subtile Weise ausdrücken. Wichtig (Rosenthal 1966) scheinen hier vor allem nicht-sprachliche Kommunikationswege zu sein wie Stimmlage, Mimik, Gestik etc., also Faktoren, die zumeist nicht der bewußten Kontrolle des Lehrers unterliegen. Der Lehrer wird vermutlich seine bewußte „Selbst-Präsentation" nicht so gestalten, daß er negative Erwartungen an seinen Schüler diesem gegenüber verbal expliziert, diese werden jedoch über die genannten anderen Kommunikationsmodi vermittelt. Der Schüler kann in einem solchen Fall die Nicht-Übereinstimmung der ihm vermittelten verbalen und non-verbalen Informationen über die Beziehung des Lehrers zu ihm erleben. Er wird keinen Bezugspunkt für sein Verhalten finden können und die Verunsicherung in der Bildung einer Definition der Situation wird sich in Verhaltensunsicherheit gegenüber dem Lehrer niederschlagen. Aufgrund der Klassenfrequenzen, Einengung durch vorgegebene Lehrinhalte und Curricula, der begrenzten Dauer der Schulstunde usw. bekommt der Lehrer nur unvollständige Rückmeldung über die Wirkung seines Verhaltens auf den Einzelschüler. Er hat daher wenig Gelegenheit zu einer rechtzeitigen Korrekturhandlung. Hier ist eine Untersuchung von Gage, Runkel & Chatterjee (1973) interessant, die sich mit der Wirkung von gezieltem Feedback (Rückmeldung) auf das Lehrerverhalten beschäftigt. Wenn Lehrer Feedback darüber bekamen, wie ihre Schüler sie einschätzten, so änderte sich nicht nur ihr Verhalten, sondern auch die Genauigkeit der Perzeption von Schülermeinungen wurde verbessert. Normalerweise wird jedoch die bewußte und kontrollierte Rückmeldung über die Wirkungen des eigenen Verhaltens und die Adäquatheit der eigenen Definition der Situation fehlen, so daß Irrwege unkorrigiert bleiben und sich verfestigen bzw. sich sogar selbst bestätigen.

Während in einer Interaktion unter relativ gleichberechtigten Individuen die Partner einen Arbeitskonsensus über die D.finition der Situation erzielen und in ihren Verhaltensplänen Kompromisse eingehen müssen, ist die Interaktion Lehrer-Schüler von vornherein durch eine schwer aufhebbare Asymmetrie gekennzeichnet. Sie wird bestimmt durch die Situationsdefinition des Lehrers, durch seine Bedürfnisse, Motive, Ziele und Verhaltenspläne. Dem Schüler bleibt in den meisten Fällen nur die Wahl der Anpassung an den Lehrer, da er weder die Situation verlassen kann, ohne schwere Sanktionen in Kauf zu nehmen, noch in der Lage ist, die seiner Situationsdefinition und seinen Bedürfnissen entsprechenden Verhaltenspläne gegen den Widerstand des Lehrers auf die Dauer zu realisieren.

Schüler werden vom Lehrer danach beurteilt, wie weit sie seinen Zielvorstellungen entsprechen. Den Zielvorstellungen entsprechen heißt, für den Lehrer belohnendes Verhalten zeigen und die der Lehrerrolle komplementäre Schülerrolle auszufüllen, ein guter Schüler zu sein. Der Lehrer wird den Schüler, der sich „konform“ verhält, zumindest unbewußt, bevorzugen. Er wird mehr Sympathie für ihn als für andere Schüler empfinden. Die möglichen Konsequenzen wurden bereits aufgezeigt. Betrachten wir die Interaktionsbeziehungen im Klassenzimmer aus der Perspektive des Schülers, so liegt das entscheidende Mittel, seine Belohnungen zu maximieren und negative Sanktionen (Kosten) zu vermeiden, darin, daß es ihm gelingt, durch sein Verhalten den Rollenerwartungen des Lehrers zu entsprechen.

2.2.2. Der Lehrer als Leiter der Schulklasse

Die Struktur der Schule als Organisation wirkt sich unmittelbar dadurch auf die Lehrer-Schüler Interaktion aus, daß der Lehrer die Funktion des formellen Leiters der Schulklasse erhält. Entsprechend unserer Auffassung der Interaktion verstehen wir das Lehrerverhalten als – bewußt oder unbewußt – geplantes und strukturiertes Gefüge von zielgerichteten Operationen. Eine vollständige Analyse der Ziele des Lehrerverhaltens vorzunehmen heißt, auf die Ziele der Institution Schule zurückgreifen müssen. Der Rahmen, in dem die Selbst-Präsentation des Lehrers gewählt werden kann, ist nicht unerheblich durch die an ihn herangetragenen Erwartungen, d. h. seine Rolle, bestimmt. Befolgung bzw. Verletzung dieser Erwartungen hat positive bzw. negative Sanktionen zur Folge.

Wir haben bereits darauf hingewiesen (vgl. S. 17 f.), daß es keine einheitliche Konzeption der Lehrerrolle gibt. Die von verschiedenen Gruppen (Eltern, Schülern, Schulverwaltung etc.) an den Lehrer herangetragenen Erwartungsmuster mit ihren potentiellen Widersprüchen können zu Rollenkonflikten führen.

Nach dem skizzierten Interaktionsmodell wird ein Individuum in jeder Situation versuchen, die Verhaltensmuster zu zeigen, von denen es erwartet, daß sie zu den subjektiv höchst bewerteten Konsequenzen führen. Von daher ist zu verstehen, daß die größte Übereinstimmung, wie Biddle et al. (1964) ermittelten, zwischen den Eigenerwartungen der Lehrer hinsichtlich ihrer Rolle und denen ihrer Kontrolleure (Verwaltung) gefunden wurde. Es scheint, daß dies eine Anpassung an die Instanz bedeutet, die Macht durch positive (z. B. Beförderung) oder negative Sanktionen ausübt, und als ein Mittel zur Vermeidung existenzgefährdender (die Befriedigung grundlegender Bedüfnisse bedrohender) Konflikte interpretiert werden kann. Wir können daher davon ausgehen, daß das Verhalten des Lehrers in der Interaktion mit seinen Schülern in einem bedeutenden Ausmaß an den Erwartungen der in der Hierarchie der Institution oben stehenden Repräsentanten der Schule orientiert ist. Nun sind Erwartungsmuster oder Rollen nicht rigide definiert (vgl. S. 17, Rollendistanz), sondern lassen Spielraum für Interpretationen. Da die institutionalisierten Ziele, deren verhaltensmäßiger Ausdruck die Rollen sind, sich nur teilweise mit den individuellen Bedürfnissen und Zielen decken, liegt in der Rollendistanz die Möglichkeit, innerhalb des groben vorgegebenen Rahmens der Rolle persönliche Bedürfnisse zu berücksichtigen und entsprechende Verhaltensmuster zu realisieren.

Die wichtigsten Erwartungsmuster, die (im Rahmen der Selektionsfunktion der Schule) an den Lehrer herangetragen werden, beziehen sich vor allem auf zwei Bereiche: auf den der *Wissensvermittlung* und den der *Ordnung* (Hargreaves 1972). Auf der einen Seite wird vom Lehrer erwartet, daß er die Schüler dazu bringt, sich mehr oder weniger definierte Inhalte auf eine mehr oder weniger definierte Weise anzueignen. Auf der anderen Seite wird erwartet, daß es ihm gelingt, die dazu geforderte Disziplin und Ordnung in der Schulklasse herzustellen bzw. zu erhalten. Der Lehrer als Leiter der Schulklasse wird sich bemühen, seine Selbst-Präsentation so zu wählen, daß von ihr das Verhalten der Schüler in Richtung auf die Erfüllung dieser grundlegenden Erwartungen beeinflußt wird. Dabei bildet die spezifische Interpretation von Lernerfolg und Ordnung durch Schulleitung und Kollegen einen wichtigen Orientierungspunkt. Soziales Verhalten der Schüler wird primär unter dem Aspekt der für Leistung geforderten Disziplin, nicht jedoch, wie in der Einleitung gefordert, unter dem Aspekt der Möglichkeit zur rationalen Sinnverständigung betrachtet.

Die Erwartungen gehen über das Konzept seiner Rolle in die Situationsdefinition des Lehrers mit ein. Die Lehrerrolle ist jedoch nicht zu umreißen, ohne daß die Rolle des Schülers sowie das Verhältnis der beiden Rollenträger zueinander mitgedacht wird. Nur wenn die Definition der Situation durch die Schüler sowie ihr daraus resultierendes Verhalten komplementär sind, ist der Lehrer in der Lage, die an ihn gestellten Grunderwartungen zu erfüllen. Durch explizite Normen (z. B. Schul- und Hausordnungen), die mit schwerwiegenden Sanktionsmöglichkeiten (z. B. Schulverweis) verknüpft sind, ist weitgehend gesichert, daß die Schüler die Situationsdefinition des Lehrers übernehmen. Darüber hinaus verfügt der Lehrer jedoch potentiell über eine Fülle von Machtquellen, die ihn in die Lage versetzen, das Verhalten der Schüler auf seine Situationsdefinition hin zu orientieren, d. h. die Schüler zu veranlassen, die Erwartungen des Lehrers zu übernehmen und ihre Rolle „adäquat“ auszufüllen.

French & Raven (1959) unterscheiden sechs *Quellen der Macht* und des Einflusses, von denen wir annehmen, daß sie alle in der Schulklasse auftreten können: Bestrafungs- und Belohnungsmacht, Referenz-, Experten-, legitimierte Macht sowie Informationsmacht. Wie bereits an anderer Stelle angedeutet, setzt der Lehrer als Leiter der Schulklasse seine Macht nicht nur zur Kontrolle von Wissensvermittlung und Ordnung ein. Durch seinen Einfluß wirkt er weitgehend unkontrolliert und nicht bewußt als Sozialisationsagent: er initiiert und steuert Modifikationen von Einstellungen, Verhaltensweisen etc., die Auswirkungen auf die gesamte Persönlichkeit des Schülers haben. Wegen dieser weitreichenden Wirkungen auf den Schüler erscheint es sinnvoll, Bedingungen und Effekte verschiedener Formen der Macht des Lehrers näher zu betrachten. Belohnungs- (Verstärkungs-) und Bestrafungsmacht, d. h. Verfügung über positive bzw. negative Sanktionsmöglichkeiten, kontrollieren die Auswahl der Verhaltensweisen, die der Schüler im Kontrollbereich des Lehrers zeigt. Wenn der Lehrer sich auf diese Arten des Einflusses stützt, wird er erreichen können, daß der Schüler sich dem fügt (Kelman 1961: ‚compliance‘), was der Lehrer von ihm will. Der Schüler tut das aber nicht, weil er sich das Anliegen des Lehrers zu eigen macht, sondern weil er bestimmte Konsequenzen (z. B. Lob) erreichen bzw. (z. B. Tadel) vermeiden will. Das vom Lehrer gewünschte Verhalten wird mit großer Wahrscheinlichkeit auf Situationen beschränkt bleiben, in denen der Einfluß des Lehrers sichtbar ist. Wenn die genannten Konsequenzen zur Modifikation des Verhaltens wirksam sein sollen, müssen sie möglichst unmittelbar dem entsprechenden Verhalten folgen. In der normalen Klassensituation ist das jedoch oft nicht möglich, da der Lehrer aufgrund der Schülerzahl kaum in der Lage ist, relevantes Verhalten systematisch zu beobachten und selektiv zu verstärken.

Die anderen Quellen der Macht sind nicht auf unmittelbare Überwachung durch den Lehrer angewiesen. Referenzmacht z. B. tritt dann auf, wenn eine Person einer anderen ähnlich sein möchte. Sie führt zu dem von Kelman beschriebenen Prozeß der Identifikation. Voraussetzung dafür ist, daß der Lehrer als Person attraktiv und die Beziehung zu ihm erwünscht ist. Wenn ein Individuum eine bestimmte Beziehung befriedigend findet, wird es sich so verhalten, daß es den Erwartungen des Partners in dieser Beziehung entspricht. Das trifft auch zu, im Gegensatz zur Belohnungs- und Bestrafungsmacht, wenn die Bezugsperson nicht anwesend ist. Der Lehrer kann hier als Modell (Bandura 1969) für das Lernen fungieren, d. h. es wird gelernt durch bloßes Wahrnehmen der Verhaltensweisen des Lehrers, ohne daß der Schüler direkt verstärkt werden muß. Die potentielle Nützlichkeit dieses Lernkonzeptes zur Beeinflussung von Schülerverhalten scheint uns größer als die des Reinforcement- (Verstärkungs-) Ansatzes, da der Lehrer leichter in der Lage ist, gleichzeitig als Modell für eine große Anzahl von Schülern zu dienen, als ein selektiver Verstärker jedes Einzelschülers zu sein. Jedoch werden die Schüler nicht nur die für ihre Rollen relevanten Verhaltensweisen des Modells wahrnehmen, sondern auch irrelevante Verhaltensmuster, wobei die Gewichte oft verschieden zur Intention des Modells (Lehrer) selbst gesetzt werden können.

Identifikation ist der Compliance darin ähnlich, daß der Schüler das gewünschte Verhalten nicht zeigt, weil er intrinsisch dazu motiviert ist. Jedoch im Unterschied zu Compliance wird das Verhalten sowohl öffentlich als auch privat (unbeobachtet durch den Lehrer) akzeptiert und realisiert. Allerdings sind die erzeugten Verhaltensweisen, Einstellungen etc., die auf Identifikation beruhen, nicht sehr fest verankert, sondern hängen stark vom Fortbestehen des befriedigenden Verhältnisses zum Lehrer ab.

Ähnliche Merkmale gelten auch für Experten- und legitimierte Macht. Expertenmacht liegt vor, wenn der Person Wissen oder Fertigkeiten zugeschrieben werden, die für eine andere Person potentiell nützlich sind und über die diese andere Person nicht oder nur in geringerem Maße verfügt. Legitimierte Macht resultiert direkt aus den formalen Beziehungen zwischen den Positionen, die zwei Personen innerhalb der sozialen Struktur innehaben. So wird der

Schüler in der Regel annehmen, daß es zu den Rechten und Pflichten des Lehrers gehört, Einfluß auf den Schüler auszuüben. Die Wirksamkeit von Expertenmacht hängt von der Ausprägung des Wissens und der Fertigkeiten des Lehrers im Vergleich zum Schüler ab sowie von der Wichtigkeit, die dieses Expertentum für den Schüler subjektiv hat. Sobald sich die Bedeutung der vom Experten beherrschten Gebiete für den Schüler mindert oder er selbst über genug Wissen und Fertigkeiten verfügt, d. h. nicht mehr auf jenen angewiesen ist, wird sich auch die Einflußmöglichkeit des Lehrers als Experte verringern. Legitimierte Macht schließlich wird nur so lange wirksam sein, wie der Schüler die Beziehung der Unterordnung zum Lehrer in der hierarchischen Struktur der Schule akzeptiert.

Der Einfluß über Information dagegen kann (Collins & Raven 1969) im Vergleich zu den bisher genannten Einflußquellen als stabil und langfristig wirksam angesehen werden. Informationsmacht hängt nicht von der sozialen Beziehung zwischen zwei Personen ab, sondern vom Inhalt der Information, die die eine Person der anderen vermittelt. Die Information führt zu veränderten kognitiven Konzepten, veränderten Bewertungen und damit neuen Orientierungen für das Verhalten. Diese Veränderung ist relativ unabhängig von der Bindung an die Person des Beeinflussers und wirkt über das Bestehen der Beziehung zum Lehrer hinaus. Informativer Einfluß entsteht durch Argumentation und Überzeugung.

Es ist vor allem wichtig, daß die präsentierte Information an die Gedankenorganisation (Kognition, Konzeptbildung) des Schülers, also letztlich an seine Erfahrungen und bereits erfolgten Lernprozesse, anknüpft. So kann „meaningful learning" erfolgen: der Schüler soll nicht einfach übernehmen, sondern Konzepte einsehen und sie internalisieren (Kelman a. a. O.). Damit werden sie Bestandteil des kognitiven Systems des Schülers und auf neue Probleme, auch außerhalb der Schulsituation, anwendbar. Für eine solche Art der Beeinflussung ist die Untermauerung der vom Lehrer vorgetragenen Position durch Fakten und die Präsentation alternativer Positionen wichtig. Dem Schüler muß

Anregung zum Ausprobieren und Überprüfen sowie die Möglichkeit, das Angebotene anzunehmen oder zu verwerfen, gegeben werden. Die zuletzt dargestellte Form der Beeinflussung durch den Lehrer räumt den Schülern die Freiheit der Wahl durch rationale Entscheidung ein. Sie scheint uns ein wichtiger Faktor zur Förderung der Diskursfähigkeit der Schüler zu sein, ist aber nur unter Berücksichtigung der Altersstufe, des aktuellen Wissens- und Fertigkeitsstandes zu realisieren. Im Vergleich zu den anderen Formen der Machtausübung wird sie in der Schulwirklichkeit kaum eingesetzt. In den Bemühungen des Lehrers, die Definition der Situation und das Verhalten seiner Schüler zu verändern, werden zumeist die verschiedenen Quellen seiner Macht in differenzierten Ausprägungsgraden mit situativ unterschiedlichen Schwerpunkten zusammenwirken. Der Einfluß eines Lehrers auf die Schüler wird dann am weitreichendsten sein, wenn er sich nicht nur auf seine „Rechte" infolge seiner Position, auf Belohnung und Bestrafung stützt, sondern wenn er gleichzeitig als Person (Modell) und Fachmann (Experte) von den Schülern anerkannt wird und zudem durch Argumentation zu überzeugen weiß. Ein Lehrer mit enger Einflußbasis wird ständig die Befürchtung hegen, seine Autorität zu verlieren. Er wird aus diesem Grunde nicht die Möglichkeit zur Rollendistanz besitzen, d. h. zur Entfernung von einer starren Interpretation seiner Rolle und damit zu der Möglichkeit, z. B. etwas Neues zu probieren, Fehler zu machen.

Die Formen des Einflusses, die der einzelne Lehrer bevorzugt, sind eine wichtige Ursache für die interindividuellen Unterschiede der Rollenperformanz, d. h. des Verhaltens, mit denen die Lehrerrolle konkret ausgefüllt wird. Nicht nur die Art der gewählten Beeinflussungsmittel, sondern auch die Intensität der Kontrolle über die Schüler und der Grad der Zentralisierung des Einflusses auf den Lehrer führen zu Unterschieden im beobachtbaren Lehrerverhalten. Diese Faktoren werden deutlich in den zahlreichen Untersuchungen, die sich mit der Analyse des Leitungsstiles von Lehrern beschäftigen. Die Forschungstraditionen, in denen die einschlägigen Untersuchungen stehen, gehen zum einen auf die Gruppendynamik Lewins und seiner Schüler Lippitt & White (1939) zurück, zum anderen knüpfen sie, wie etwa die Forschungsgruppe um Tausch in der Bundesrepublik, an die klientenzentrierte Therapie von Rogers (1965) an. In beide Ansätze gehen Wertvorstellungen ein, die zum einen die Entfaltung der Persönlichkeit (Rogers), zum anderen demokratische Interaktionsformen in Gruppen (Lewin) betonen und den demokratischen, sozial-integrativen Leitungsstil dem autokratischen, direktiven vorziehen. Hier stellt sich die Frage, die wir bereits zu Beginn dieses Kapitels aufgegriffen haben, ob eine derartige Beschreibung von Lehrerverhaltensweisen nicht zu pauschalisierend ist, zumal die bisherigen Untersuchungen zum Leitungsstil keine eindeutigen Ergebnisse brachten.

Anderson (1963) überprüfte eine große Anzahl experimenteller Studien, in denen autoritäre Leitung mit demokratischer verglichen wurde und die zum großen Teil in Schulklassen durchgeführt worden waren. Im Gegensatz zu Hare (1962), der in einem ähnlichen Überblick schloß, daß demokratische Leitung u. a. einhergeht mit geringerer Produktivität, aber „höherer" Moral als autokratische Leitung, konnte Anderson keine so eindeutige Beziehung feststellen. Es zeigte sich die Relativität der Effekte in Abhängigkeit von der Aufgabenstellung, von den Beziehungen zwischen den Gruppenmitgliedern und dem Ausmaß der Macht des Leiters. Es kommt auch darauf an, ob man die Effekte hinsichtlich einer Sachleistung oder aber hinsichtlich der zwischenmenschlichen Beziehungen innerhalb der Schulklasse mißt. Die Schwierigkeit, übereinstimmende Ergebnisse zu erzielen, liegt nicht nur an der zu groben, meist dichotomen Klassifikation des Erziehungsverhaltens in diesen Untersuchungen. Auch wenn mit einem erheblich spezifizierten Beschreibungssystem (Lob und Tadel, Wertschätzung, emotionale Wärme etc.) gearbeitet wird, hat der Versuch, Grunddimensionen des Lehrerverhaltens zu bestimmen, von vornherein seine Schwäche in der Statik und der Gefahr der Übergeneralisierung. Die Auswirkungen der Situation, die mögliche Reziprozität des Lehrer- und Schülerverhaltens, Lern- und Anpassungsprozesse können in ihm nicht genügend berücksichtigt werden.

Variablen dieser Art sind im „Kontingenz-Modell" von Fiedler (1967) berücksichtigt, das drei Faktoren unterscheidet, von denen gemeinsam die Effektivität der Leitung abhängt: die affektiven Beziehungen zwischen Leiter und Gruppe; das Ausmaß der Strukturierung der Aufgabe (Klarheit des Zieles, Überprüfbarkeit der Lösung etc.); die Machtposition des Leiters. Je nach Ausprägung dieser Faktoren lassen sich Gruppensituationen entlang einem Kontinuum der Günstigkeit (favorability) für den Leiter ordnen. Die affektiven Beziehungen sind nach Fiedler dabei am wichtigsten, es folgen die Aufgabenstruktur und schließlich die verfügbare Macht. Die günstigste Situation für einen Leiter liegt nach der in diesem Modell gegebenen Definition dann vor, wenn alle drei Faktoren einen sehr hohen Ausprägungsgrad haben, also gute Beziehungen zwischen Lehrer und Schülern vorliegen, Ziele und Struktur des Unterrichts für alle Beteiligten klar sind, der Lehrer sich auf einen gefestigten Einfluß stützen kann. Die ungünstigste Situation ist bei sehr geringer Ausprägung aller drei Faktoren gegeben. Eine für den Leiter sehr ungünstige Situation liegt ebenfalls vor, wenn nur der erste der beiden Faktoren sehr niedrig, die beiden anderen jedoch hoch ausgeprägt ist, also bei schlechten affektiven Beziehungen.

Nach Fiedler gewährleistet in Extremfällen, d. h. in sehr ungünstigen, aber auch in sehr günstigen Situationen, ein kontrollierender, strukturierender, aufgabenorientierter Leiter am ehesten die Erreichung der Gruppenziele. In einem weiten Bereich zwischen den Extremen wird nach dem Kontingenz-Modell jedoch ein permissiver, an den sozio-emotionalen Beziehungen orientierter, sich in die von ihm Geführten hineinversetzender Leiter effektiver sein.

Diese letzten Aussagen lassen sich nicht ohne weiteres auf die Schulsituation übertragen, denn es ist entscheidend zu bestimmen, welches der Maßstab für eine Beurteilung von „Effektivität" des Leitungsverhaltens in der Schulklasse sein soll, welche Konsequenzen des Lehrerverhaltens erwünscht sind. Für uns heißt das, daß wir eine Bewertung der Effektivität vornehmen, die sich am Ziel Diskursfähigkeit orientiert. Auf jeden Fall aber zeigen Fiedlers Untersuchungen, daß die in älteren Studien vorherrschende globale Frage danach, welcher Leitungsstil besser sei, abgelöst werden sollte durch die Frage, welche Verhaltensmuster bei welchen Aufgaben, Gruppenkonstellationen, Beziehungen zwischen Gruppe und Leiter etc. zu welchen Konsequenzen führen.

2.3. Gruppendynamik der Schulklasse

Der soziale Kontext, in dem schulisches Lernen erfolgt, ist nicht auf die Beziehung Lehrer-Schüler oder gar Lehrer-Einzelschüler zu reduzieren. Der Lehrer nimmt zwar eine zentrale Stellung innerhalb des Interaktionssystems Schulklasse ein, doch finden interaktive Prozesse, d. h. wechselseitige Beeinflussungen, zwischen allen Mitgliedern der Klasse statt. Das Gesamtgefüge dieser Prozesse muß unter dem Aspekt der Gruppe analysiert werden.

2.3.1. Die Schulklasse als Gruppe

Eine Gruppe kann definiert werden als ein organisiertes System von zwei oder mehr Individuen, die so aufeinander bezogen sind, daß sie a) gemeinsame *Ziele* verfolgen b) gemeinsame *Normen* haben, die das Verhalten der Gruppe und ihrer Mitglieder regeln, und c) eine *Struktur* entwickelt haben, die die unterschiedlichen Beziehungen der Gruppenmitglieder untereinander ausdrückt. Ferner müssen die beteiligten Individuen über eine gewisse Dauer miteinander in Interaktion stehen, um diese Kriterien erfüllen zu können. Gruppenziele sind abhängig von den individuellen Zielen der die Gruppe bildenden Mitglieder. Die von allen geteilten Erwartungen an das Verhalten der Gruppenmitglieder (Normen) sowie die Struktur der Gruppe (Position, Rolle, Status etc.) lassen sich in Analogie zu den dargestellten intraindividuell ablaufenden Prozessen als kollektive Pläne kennzeichnen. Sie stehen in funktionaler Beziehung zu den Zielen, d. h. sollen deren Erreichung gewährleisten. Wenn auch die soziale Einheit Schulklasse mehr ist als eine

Summe von Einzelschülern, so läßt sich doch die Frage, ob es sich um eine Gruppe im Sinne der gegebenen Definition handelt, nicht pauschal beantworten. Selbst wenn wir in ihr die Kriterien Ziele, Normierung und Strukturierung finden, zeigt sie doch eine Reihe von Besonderheiten, die sich aus ihrer Einordnung in die Schule als Organisation ergeben und die die Schulklasse von anderen sozialen Systemen, die sich als Gruppe bezeichnen lassen, unterscheidet.

Formal ist es das Ziel für eine Schulklasse, bestimmte Änderungen (Wissen, Einstellung, Verhalten) der individuellen Mitglieder zu bewirken. Die Art der Veränderungen ist über Lehrpläne, Verordnungen, Richtlinien, Prüfungs- und Zensurenwesen etc., durch Personen und Einrichtungen außerhalb der Schulklasse mehr oder weniger explizit festgelegt. Die formelle organisatorische Struktur richtet sich daher nicht primär nach den Bedürfnissen der Mitglieder, sondern nach den Aufgaben der übergeordneten Institution. Ebenso wie die Zielsetzung ist auch die Zusammensetzung der Schulklasse hinsichtlich solcher Faktoren wie Alter, z. T. soziale Herkunft, Wissen, Fertigkeiten von außen gesteuert. Die Mitgliedschaft wird verfügt, nicht freiwillig gewählt. Im Vergleich zu anderen Gruppierungen ist für die Schulklasse schließlich die Leitung charakteristisch: auch andere Gruppen (z. B. Arbeitsteam) haben oft einen formellen Leiter. Das Spezifikum des Leiters einer Klasse als Gruppe liegt jedoch darin, daß er nicht nur eine Kontrollfunktion hinsichtlich der Erledigung von Aufgaben, Arbeitsteilung etc. ausübt. Er fungiert zugleich als Sozialisator, der wichtige Lernprozesse bei der Entwicklung von Einstellung und Verhalten der Schüler initiiert und beeinflußt.

Im Rahmen der Analyse der Schule als Organisation haben wir bereits die Unterscheidung von formellen und informellen interpersonalen Beziehungen diskutiert (S. 28 f.). Aufgrund dieser Diskussion ist zu erwarten, daß die Erreichung von Unterrichtszielen etc. nicht allein bestimmend ist für die Aktivität der Mitglieder in einer Schulklasse. Jennings (1947) hebt hervor, daß Interaktionen in einer Gruppe neben Arbeits-Bedürfnissen auch der Befriedigung von Freundschafts-(Psyche-)Bedürfnissen dienen. Nach Thelen (1960) streben die Mitglieder von Gruppen danach, beide Hauptbedürfnisse gleichgewichtig zu erfüllen. Im Laufe der Gruppenentwicklung müssen alle Individuen dazu beitragen, die Befriedigung der genannten Gruppenbedürfnisse sicherzustellen, wenn ihre eigenen Bedürfnisse nicht unbefriedigt bleiben sollen (Jensen 1955). Die informelle Organisation der Schulklasse richtet sich also – im Unterschied zu der tatsächlich oder angenommen rationalen Zielsetzung im formellen Bereich – auf die weitgehend nicht formell geregelten oder regelbaren sozioemotionalen Beziehungen der Gruppenmitglieder. Sie entsteht neben den Erfordernissen des formellen Systems, geht aber teilweise aus diesem hervor und wirkt gleichzeitig darauf zurück. Ulich (1971) sieht die Schulklasse unter dem theoretischen Gesichtspunkt der formell-informellen Organisation als einen Raum permanenter Konflikte zwischen den Leistungsanforderungen und der Befriedigung sozioemotionaler Grundbedürfnisse, zwischen offizieller Noten-Hierarchie und inoffizieller Status-Hierarchie.

2.3.2. Die informellen Beziehungen zu Gleichaltrigen

Zwischen den Schülern haben sich aufgrund gemeinsamer Erfahrungen und der damit verbundenen Entstehung von Verhaltenserwartungen vielfältige lockere und engere Beziehungen herausgebildet (s. S. 68, Belohnungswert). Es sind sehr wahrscheinlich Cliquen und Untergruppen entstanden, die in Abgrenzung zu den anderen Schülern einen größeren Zusammenhalt (Kohäsion) zeigen und teilweise unterschiedliche Ziele und Normen haben. Macht-, Einfluß- und Sympathieverteilung finden ihren Ausdruck in Statusunterschieden zwischen den Schülern, die meist hierarchisch strukturiert sind. Die hervorgehobene Interdependenz von formeller und informeller Struktur zeigt sich z. B. im Einfluß des Lehrers darauf, welche Schüler von ihren Mitschülern bevorzugt oder abgelehnt werden. Nach Gronlund (1959) ist der Status eines Kindes (Beliebtheit, Prestige) unter seinen Alterskameraden mitbestimmt durch den Kontakt des Kindes mit dem Lehrer. Der wiederum wird in entscheidendem Maße davon beeinflußt sein, wie weit das Kind seinen Erwartungen entspricht. Unter den Erwartungen hat die Leistung des Schülers eine zentrale Position. Umgekehrt zeigen eine Fülle von Untersuchungen, darunter Buswell (1953), Schmuck (1962) und Bidwell (1965), daß sich niedriger Status in der Schulklasse auf die Schulleistung auswirkt. Hier ist also ein kaum trennbarer Wirkzusammenhang gegeben.

Gruppenmitglieder mit hohem Status, so lassen sich die wichtigsten empirischen Befunde zusammenfassen, sind als Interaktionspartner für einen großen Teil der Gruppenmitglieder belohnend. Ihr Belohnungswert ist darauf zurückzuführen, daß sie im Verlaufe der Gruppenentwicklung in verschiedenen Situationen, Aufgaben und sozialen Konstellationen gezeigt haben, daß sie mit wichtigen Gruppennormen übereinstimmen und Verhaltensweisen ausüben, die die Gruppenziele fördern. Entscheidend für den Status eines Individuums ist demnach, wie weit es seine persönlichen Ziele, Situationsdefinitionen, Verhaltenspläne und sein schließlich ausgeführtes Verhalten auf die Interaktionspartner, d. h. deren Ziele, Situationsdefinitionen, Pläne etc., abstimmen und mit ihnen koordinieren kann (Prose 1974). Bei der Abstimmung und der Koordination hat die sozioökonomische Schicht, der der Schüler entstammt, einen großen Stellenwert. Da Einstellungen, Konzepte und Werthaltungen bei gleicher sozialer Herkunft der Schüler ähnlich sind, wählen sich Angehörige derselben sozialen Schicht bevorzugt gegenseitig als Partner (Graumann 1974, S. 492), zumal sie öfter Gelegenheit zum Kontakt haben. Zahlreiche Untersuchungen haben die Bedeutung der Reaktionen anderer, des Vergleichs mit anderen und des Erlernens von Rollen für das Selbstkonzept und das Selbstwertgefühl des Individuums aufgezeigt (Argyle 1972). Diese Forschungsergebnisse belegen, welche weitreichenden Konsequenzen eine Randstellung in einer Gruppe (niedriger Status, Außenseiter), die mit offener Ablehnung oder Nichtbeachtung verbunden ist, für die Persönlichkeitsentwicklung der betroffenen Schüler haben kann. In diesem Zusammhang hat die soziale Beeinflussung des Individuums durch die Gruppe der Gleichaltrigen, die peer-group, als Sozialisationsfaktor eine erhebliche Bedeutung. Gleichaltrige Freunde können als Identifikationsmodell und Vergleichsmaßstab dienen. Zugleich hilft die Bezugspruppe der Gleichaltrigen, die soziale Umwelt zu ordnen, die eigene Definition der Situation der von anderen gegenüberzustellen und durch das Erproben von verschiedenen Verhaltensmustern, z. B. im Spiel, die soziale Umwelt bewältigen zu helfen. Das gilt besonders für die Bereiche, in denen die Erwachsenen keine echte Hilfestellung anbieten, z. B. Aggression, Sexualität.

Feldmann & Newcomb (1969, S. 236ff.) fassen die wichtigsten Funktionen von ‚peergroups' zusammen: a) Erlangung von Unabhängigkeit vom Elternhaus, b) emotionale Unterstützung, c) soziales Training durch Interaktionsmöglichkeiten mit Individuen unterschiedlichen Lernhintergrundes, d) Hilfe bei der Selbst-Definition, e) alternative Quelle von Belohnung, bei der nicht die Schulleistung im Vordergrund steht (wichtig bei „schwachen" Schülern), f) persönliche Bindungen (Freundschaftsbeziehungen). Bei der Vielzahl der Schüler in einer Klasse können Verstärkungen durch den Lehrer oft nicht individuell erfolgen oder zumeist nur mit erheblichen zeitlichen Verzögerungen im Hinblick auf das erfolgte Schülerverhalten. Bekräftigungen durch peers dagegen können unmittelbar und daher maximal wirksam erfolgen. Da die Gruppe der Gleichaltrigen Möglichkeiten der Bedürfnisbefriedigung bietet, über die Eltern und Lehrer nicht oder nur schwer verfügen, hat sie potentiell eine große Anziehungskraft auf die Schüler. Je größer diese Anziehungskraft ist, d. h. je stärker die Gruppe in der Lage ist, ihre Mitglieder zu belohnen, desto verbindlicher werden für die Mitglieder ihre Normen, d. h. Verhaltensregeln, und damit ihre Wirkung auf die Orientierung des individuellen Verhaltens sein. Die Bindung an die Normen wird bei denjenigen Schülern am größten sein, die in ihren Belohnungen mangels Alternativen am stärksten abhängig von der Gruppe sind (McKeachie et al. 1966). Die Gruppe kann Konformitätsdruck auf ihre Mitglieder, sich ihren Normen anzupassen, in dem Maße ausüben, in dem sich die Schüler zu ihr hingezogen fühlen.

Eine Gruppe, die starke Anziehungskraft auf ihre Mitglieder hat, wird als kohäsiv bezeichnet. Kohäsion ist eine Funktion des Ausmaßes, um das die Interaktion in der Gruppe für die Mitglieder belohnender ist als andere alternative Interaktionsangebote. Während die Einhaltung von Gruppennormen Belohnungen mit sich bringt, hat die Überschreitung der durch die Normen angegebenen tolerierten Bandbreite des Verhaltens oft erhebliche negative Konsequenzen zur Folge, wie Reduzierung des Kontakts, verbale oder physische Angriffe. Es ist denkbar, daß eine Schulklasse als Ganzes eine geschlossene peer-group bildet. Wahrscheinlicher aber ist, daß sie sich in mehrere Untergruppen gliedert, die sich z. T. sogar in konflikthaften Auseinandersetzungen voneinander abgrenzen. Die Schüler gehören zudem nicht nur Gruppen innerhalb, sondern auch peer-groups außerhalb der Schulklasse an, deren Einfluß auf den Einzelschüler jedoch bis in die Klasse hineinreichen kann.

2.3.3. Das soziale Klima in der Schulklasse

Dem Einfluß der peer-Gruppen auf das Schülerverhalten ist in der bisherigen pädagogischen Forschung und Praxis erstaunlich wenig Aufmerksamkeit gewidmet worden. Die interpersonalen Beziehungen werden erst in neuerer Zeit unter dem Aspekt analysiert, daß die gesamte Schulklasse, unter Einschluß des Lehrers, das soziale Milieu ausmacht, in dem Lernen und Unterricht stattfinden (vgl. Peters 1973). Die Gesamtheit der Interaktionen in der Schulklasse – sowohl die Lehrer-Schüler Interaktionen als auch die Schüler-Schüler Interaktionen – läßt sich mit dem Begriff des „sozialen Klimas“ beschreiben. Das soziale Klima ist die generalisierte Einstellung aller Schüler gegenüber dem Lehrer und der Klasse.

Aufgrund des großen Einflusses von Gruppen auf den individuellen Schüler ist das soziale Klima ein entscheidender Faktor für das Lernen im Unterricht. Der Lehrer als formeller Leiter der Klasse steht vor der Aufgabe der Integration, der Schaffung eines Gleichgewichts zwischen äußeren Anforderungen und den Bedürfnissen innerhalb der Gruppe. Nicht sachbezogenes, die Aufgabenerfüllung störendes Verhalten von Schülern, das Konflikt mit dem formellen Leiter hervorrufen muß, wird häufig durch unbefriedigte sozio-emotionale Bedürfnisse verursacht. Die informellen Beziehungen sind deshalb nicht nur wichtig für Produktivität und Zufriedenheit in der Schulklasse. Ein zu großes Auseinanderklaffen von formeller und informeller Struktur, zwischen formellen und informellen Normen, Konflikte eines einzelnen Schülers zwischen Anforderungen des Lehrers und der Mitschüler bilden häufig den Erklärungshintergrund für Disziplinprobleme. Eine kohäsive Schulklasse, deren Normen und Situationsdefinition in Widerspruch zu denen des Lehrers stehen, kann erheblichen Widerstand gegen den Lehrer entwickeln.

Das soziale Klima wird beeinflußt durch den Entwicklungsprozeß, den Gruppen durchlaufen. Wie Tuckman (1965) darstellte, konnte in zahlreichen Untersuchungen aufgezeigt werden, daß charakteristische Abschnitte der Entwicklung erkennbar sind, die jeweils spezifische Funktionen für die Gruppe und ihre Mitglieder erfüllen. Im ersten Abschnitt (forming) versuchen die Mitglieder, das Verhaltensrepertoire der anderen kennenzulernen und die Belohnungen und Kosten weiterer Interaktionen abzuschätzen. In der zweiten Phase (storming) treten Auseinandersetzungen um Situationsdefinitionen, Ziele und mögliche gemeinsame Pläne auf, bis sich in einer dritte Phase (norming) allmählich Interaktionsstrukturen und -regeln etablieren, die schließlich (performing) eine zielorientierte gemeinsame Arbeit ermöglichen. Je nachdem, in welchem Stadium der Entwicklung die Gruppen in der Schulklasse sich befinden, wird eine andere Qualität des sozialen Klimas angenommen werden müssen.

Eine entscheidende Auswirkung auf das soziale Klima (z. B. Auftreten von Aggression) hat das Lehrerverhalten (Lewin et al. 1939, Polansky 1954, Flanders 1959, Thelen 1959). Es sei daran erinnert, was wir über den Lehrer als Leiter der Schulklasse, die Arten seiner Machtausübung und seinen Leitungsstil gesagt haben.

Aber auch wenn der Lehrer sich nicht stark fordernd, direktiv und abwertend verhält, was häufig mit aggressivem und feindseligem Verhalten der Schüler einherzugehen scheint, ist abzusehen, welche Möglichkeiten ein Schüler bei einer Dauer der Schulstunde von 45 Minuten und einer Klassengröße von ca. 30 Schülern hat, seine Bedürfnisse einzubringen und seine Verhaltenspläne zu realisieren. Zumindest 95 % der gesamten Zeit wird er zuhören und stillsitzen müssen. Leavitt (1951) und Bavelas (1950) konnten durch Variation von Kommunikationsmustern in Gruppen aufzeigen, daß die Möglichkeit, sich aktiv an der Lösung von Aufgaben und an Entscheidungen zu beteiligen, sich auf die Motivation der Gruppenmitglieder auswirkt. Frontalunterricht in der Schulklasse ist mit dem Modell zentralisierter, einseitig ausgerichteter Kommunikationskanäle vergleichbar. Im Verhältnis zu einem offeneren System mit der potentiellen Chance der Kommunikation mit allen anderen Gruppenmitgliedern ist in ihm die Motivation der Individuen an der Peripherie des Kommunikationsnetzes sehr gering.

Die Alternative zum Frontalunterricht, der flexible Einsatz verschiedener Sozialformen des Unterrichts, vor allem Gruppenarbeit, weist eine bessere kommunikative Struktur auf und bietet als Vorteile die Möglichkeit zur Arbeitsteilung, die wechselseitige Fehlerkorrektur der Mitglieder, bessere Gedächtnisleistung und höheres kreatives Potential (vgl. Collins & Guetzkow 1966). Aufgrund der zusätzlich erforderlichen Kommunikation der Gruppenmitglieder untereinander benötigt die Gruppe jedoch relativ mehr Zeit als allein arbeitende Individuen. Dieser Nachteil wird z. T. durch die Möglichkeit zur Arbeitsteilung ausgeglichen.

Allein die Gegenwart anderer Individuen in der Gruppe kann die Produktivität heben. Andererseits kann es in Gruppen auch zur Bildung von Normen kommen, die der Produktivität und Leistung entgegenwirken, denn in der Gruppe werden soziale Motive bedeutsamer. Individuelle Verhaltensmuster wie Verteidigungshaltung, soziale Ängstlichkeit, Dominanz können die Leistungsfähigkeit beeinträchtigen. Sollen die Vorteile der Gruppenarbeit gegenüber dem Frontalunterricht wirklich ausgenutzt werden, so muß eine rationale, ungestörte Kommunikation der einzelnen Mitglieder aufgebaut werden. Es muß gewährleistet werden, daß Beiträge danach gewichtet werden, was gesagt wird, und nicht, wer es gesagt hat, d. h. es sollte keine sachfremden Barrieren wie Status und Prestige für die Akzeptierung einzelner Beiträge geben (vgl. Hofstätter 1957).

Die Erfüllung dieser Forderungen, die von unserem Ziel Diskursfähigkeit her zu begründen sind, ist nur über einen längeren Prozeß anzustreben, in dem bewußt und gezielt soziales Lernen in Gruppen gefördert wird (vgl. Dietrich 1969). Das soziale Lernen muß den Abbau von Kommunikationsstörungen, die Schaffung gleicher Chancen zur Beteiligung (Scharmann 1962) und den Aufbau kooperativen Verhaltens der Mitglieder umfassen. Nach Deutsch (1960) werden in Schulklassen unterschiedliche Effekte auftreten, je nachdem, ob die Gruppenmitglieder in einer Kooperations- oder Wettbewerbsbeziehung stehen. Der Unterschied scheint nicht so sehr in der Quantität des Gelernten zu liegen, obwohl auch hier eine Tendenz zugunsten der kooperativen Gruppe, verstärkt langfristig, zu finden ist, sondern mehr in motivationalen und interaktiven Variablen wie Bemühung um Hilfe und Unterstützung, Aufmerksamkeit, Attraktion der Gruppe etc.. Hammond & Goldman (1961) zeigten, daß bei Fehlen von Wettbewerbsbedingungen Angst reduziert und Spannung vermindert wird und daß die Produktivität in Problemlösungssituationen ansteigt. Diese Untersuchungen sollten Anlaß sein, die Konsequenzen des Zensuren- und Versetzungssystems, das eine Situation des permanenten Wettbewerbs unter den Schülern schafft, für die gesamten interpersonalen Beziehungen in der Schule kritisch zu überprüfen.

2.4 Auswertung: Interaktive Kompetenz von Lehrern und Schülern

Mit der in den vorangegangenen Abschnitten gegebenen Darstellung der Interaktion in der Schulklasse wurde nicht die Absicht verfolgt, einen vollständigen Überblick über die einschlägige Literatur zu geben. Wir haben versucht, zentrale Konzepte der Interaktionsforschung auf eine Beschreibung des Verhaltens von Lehrern und Schülern im Unterricht anzuwenden. Damit sollten Antworten auf die Frage ermöglicht werden, wie weit die in der Schulklasse vorfindbare Qualität der Interaktion zwischen den am Erziehungsprozeß beteiligten Individuen dazu geeignet ist, Diskurschancen zu eröffnen bzw. zu behindern.

Für das Verhältnis von Interaktion und Diskurs gilt: „... das eine (Interaktion) ist notwendige Voraussetzung des anderen (Diskurs). Da jedoch der Begriff des Diskurses die Legitimationsbasis abgibt, müssen Lernzielentscheidungen auf der Ebene der Interaktion mit Bezug auf ihn erfüllt werden, ..." (Mollenhauer 1972, S. 82). Hieraus resultiert, daß Diskurs eine weitgehende Sicherheit der Beteiligten in der Interaktion zur Bedingung hat. Unsere Analyse zeigt jedoch die Fülle möglicher Störungen und Deprivationen von Interaktion und Kommunikation, die sich in der Schulklasse bei den individuell zu durchlaufenden Informationsverarbeitungs- und Problemlösungsschritten, den komplexen Gruppenprozessen und schließlich der Ausübung von Macht und Einfluß durch den Lehrer als Leiter ergeben. Um der aus diesem Befund abzuleitenden Notwendigkeit des Abbaus von Störungen gerecht werden zu können, muß ein Soll-Modell der Interaktion vorhanden sein, von dem her sich die Zielrichtung der angestrebten Veränderung bestimmen läßt. Ausgehend von der gewählten Legitimationsbasis wollen wir daher versuchen, Grundzüge der interaktiven Kompetenz aufzuzeigen, die Lehrer und Schüler verwirklichen bzw. erlernen müßten, wenn Diskurs eine reale Chance haben soll.

2.4.1. Zur Definition interaktiver Kompetenz

Die verschiedenen in der Literatur auffindbaren Versuche, eine Definition der interpersonalen Kompetenz vorzunehmen (White 1959, Weinstein 1969, Argyle 1972), laufen im wesentlichen auf die bereits von Foote & Cottrell (1955) vorgelegte Bestimmung hinaus: „the ability to control the responses of others". Mit Kompetenz in diesem Sinne ist die Fähigkeit gemeint, seine Ziele in komplexen sozialen Situationen zu realisieren, d. h. mit den eigenen Verhaltensfertigkeiten (Weinstein 1969: interpersonal tactics) das Verhalten des Partners so zu beeinflussen, daß in der gemeinsamen Interaktionssituation ein optimal belohnendes Ergebnis herbeigeführt wird.

Ansätze, die in der linguistischen Tradition (Chomsky 1970) stehen, sprechen von kommunikativer Kompetenz (Badura 1971, Habermas 1971). Zur Bewältigung der Kommunikationssituation ist es nach Baduras Modell nötig, die Situation adäquat zu erfassen (hermeneutisch-analytische Kompetenz) und in der Situation bestimmte Zielvorstellungen zu realisieren (taktisch-rhetorische Kompetenz).

Die vorhandenen Bestimmungen interpersonaler oder kommunikativer Kompetenz, die in ihren Aussagen eng beieinander liegen, können von uns nicht direkt übernommen werden, da sie nicht spezifisch auf Diskurs und die Interaktion in der Schulklasse ausgerichtet sind. Wir wollen daher, allerdings in Anlehnung an sie, zunächst eine Rahmendefinition der diskursorientierten interaktiven Kompetenz für Lehrer und Schüler versuchen, die anschließend unter Bezug auf die Ergebnisse unserer Analyse schulischer Interaktionen weiter konkretisiert werden soll:

Interaktive Kompetenz besitzt für uns der individuelle Lehrer oder Schüler, der in der (Gruppen-) Situation Schulklasse motiviert und von den kognitiven Verarbeitungsprozessen sowie dem Verhaltensrepertoire her fähig ist, das interpersonale Verhalten der Interaktionspartner (einschließlich seines eigenen) sowie die Beziehungen zwischen ihnen zielorientiert in Richtung auf die Eröffnung von Diskurschancen für alle an der Interaktion Beteiligten zu beeinflussen.

Unsere Definition impliziert, daß die für Diskurs erforderliche Voraussetzung der interaktiven Kompetenz qualitativ für Lehrer und Schüler gleich ist. Ein Unterschied zwischen beiden besteht jedoch darin, daß der Schüler diese Kompetenz erst im Laufe des Erziehungsprozesses erwirbt, während der Lehrer sie – der Soll-Vorstellung nach – als berufsqualifizierendes Merkmal bereits besitzt. Aus diesem Grund wird der Lehrer zu einer Person, die dem Schüler durch Schaffung geeigneter Lernsituationen dazu verhilft, interaktive Kompetenz allmählich aufzubauen. Der Lehrer ist Sozialisator, Veränderungsagent und Modell für seine Schüler. Daraus ergeben sich spezifische Anforderungen an seine professionell geforderte Kompetenz, die in der Rahmendefinition nicht enthalten sind, jedoch bei dem nachfolgenden Bemühen um Konkretisierung und Differenzierung berücksichtigt werden müssen.

Die *Motivation* zu einer am Ziel Diskurs orientierten Beeinflussung der Interaktionssituation ist ein zentrales Element der interaktiven Kompetenz. Da das Individuum nur die Handlungen ausführen wird, die erwünschte Folgen nach sich ziehen, gilt: nur wenn diskursives Verhalten von Lehrern und Schülern als Quelle möglicher Belohnungen erfahren wird, kann eine Internalisierung der Zielvorstellung als „hochgeneralisierte Wertungsdisposition" (Heckhausen 1974, S. 142) mit entsprechenden an sich selbst gestellten Handlungserwartungen gelingen. Der Aufbau der geforderten Motivation muß daher in Anknüpfung an vorhandene individuelle Bedürfnisse, z. B. dem nach Kontakt und Zuwendung durch andere Personen, erfolgen.

2.4.2. Interaktive Kompetenz als Problemlösen

Ist die genannte Motivation gegeben und Diskurs als mehr oder weniger deutlich umrissener Zielkomplex vorhanden, so können wir die weiteren Aspekte der interaktiven Kompetenz unter dem Gesichtspunkt der Fähigkeit zum Lösen zwischenmenschlicher Probleme betrachten: Die meisten Interaktionssituationen sind so angelegt, daß dem Individuum keine starren Verhaltensvorschriften durch Regeln, Normen, Rollen vorgegeben sind. Nahezu jede Interaktionssituation hat gegenüber einer anderen veränderte Elemente und verlangt die teilweise Um- bzw. Neuorientierung des Verhaltens. Die Definition von Süllwold (1959, S. 96), nach der ein Problem dann vorliegt „... wenn ein Individuum ein bestimmtes Ziel erreichen will, jedoch nicht weiß, wie es zu diesem Ziel gelangen kann, also nicht auf wohlbekannte spezifische Verfahren zurückzugreifen vermag", scheint uns daher auf die Situation von Individuen zuzutreffen, die in einer sozialen Situation Diskurschancen zu verbessern trachten. Wie bei jedem anderen Problem muß das Individuum auch hier versuchen, eine unbefriedigende Ausgangslage durch geeignete Handlungen, d. h. die Anwendung von Operatoren, in eine befriedigendere Soll-Lage zu überführen. Dies kann es um so kompetenter tun, je besser es vermag, dabei bewußt und systematisch aufeinander aufbauende Schritte der Informationsverarbeitung und der Verhaltensorganisation zu vollziehen. Die Schritte, die dabei durchlaufen werden, sind, so unsere Annahme, prinzipiell mit denen des bereits dargestellten Informationsverarbeitungs- und Regelkreismodells identisch. Ein effektiver Prozess des Lösens interaktiver Probleme setzt jedoch voraus, daß jeder dieser Schritte störungsarm durchlaufen wird. Fehler, die in einer vorhergehenden Stufe des Problemlösens gemacht werden, beeinträchtigen die gesamte weitere Folge des Prozesses.

Wir wollen zu konkretisieren versuchen, was in jedem Abschnitt des Prozesses geleistet werden muß, wenn er in der Sequenz aller Schritte einen im Sinne der interaktiven Kompetenz effektiven Beitrag zur Lösung eines interpersonalen Problems liefern soll. Der erste Schritt des Problemlösens besteht darin, eine genaue und systematische Analyse der vorliegenden Situation vorzunehmen. Voraussetzung dafür sind: die Fähigkeit zur Beobachtung relevanten verbalen und non-verbalen Verhaltens in der Gruppe und die kognitive Differenzierung im Bereich von Interaktion und Kommunikation. Es müssen Konzepte (Wissen) vorhanden sein, die das Erkennen von Gruppenprozessen und -strukturen, von Verhaltensweisen und Beziehungen in der Klasse ermöglichen. Die Analyse der Situation darf nicht beim direkt Beobachtbaren stehenbleiben. Die Interaktionspartner müssen sensitiv für ihre eigenen Einstellungen, Emotionen, Konflikte sowie die ihres Gegenübers sein, sich in die Rolle des anderen hineinversetzen können. Nur so können die Bedingungen, die zum Auftreten des Problems geführt haben, erkannt und geeignete Ansatzpunkte für eine zielgerichtete Veränderung und Korrektur gewählt werden. Probleme zwischenmenschlicher Interaktion, d. h. auch die Problemsituationen im Klassenzimmer, müssen in der Regel als mehr oder weniger un-eindeutig angesehen werden. Über die beschriebenen Wahrnehmungs- und Definitionsprozesse wird das objektiv schlecht definierte zu einem subjektiv gut oder besser definierten Problem gemacht.

Durch Auswahl, Gewichtung und Interpretation wird die Art der Störungen und Schwierigkeiten bestimmt, die zum Ausgangspunkt des Problemlösens genommen werden. Der nächste Schritt des Problemlösens verlangt, den angestrebten Zielzustand anzugeben. Das Kriterium, nach dem bestimmt wird, was veränderungsbedürftig ist und in welche Richtung die Veränderung erfolgen soll, muß nach unserer Bestimmung von interaktiver Kompetenz das Ziel Diskurs sein. Je expliziter und spezifischer die von diesem Ziel her erwünschte Situation umrissen werden kann, desto effektiver wird auch ein Problemlösen möglich sein. Die präzise Definition von Ist- und Soll-Lage sowie der zwischen beiden bestehenden konkreten Diskrepanzen ermöglicht die Suche nach dem Aufbau von Verhaltensweisen, die geeignet sind, evtl. über Zwischenziele, die Ist- in die Soll-Lage zu transformieren. Sie liefert gleichzeitig den Maßstab, nach dem sich der Erfolg einer vorgenommenen Intervention bewerten läßt.

Mit dem beschriebenen Schritt sind die Abweichungen konkreter interaktiver Verhaltensweisen und zwischenmenschlicher Beziehungen im Klassenzimmer vom Ziel ‚Diskurs' bestimmt worden. Als nächstes müssen geeignete Lösungen des Problems gefunden und die Situation so modifiziert werden, daß die angestrebten Veränderungen auftreten. Hier ist die Frage entscheidend, wie realistisch die Soll-Situation formuliert wurde, d. h. ob sie mit den den handelnden Personen zugänglichen Mitteln (Stand der kognitiven Entwicklung, bereits gelernte Verhaltensfertigkeiten) überhaupt erreichbar ist. Ist diese Voraussetzung gegeben, so muß ein systematischer Plan für die Durchführung der Intervention erarbeitet werden. Die Brauchbarkeit des Plans wird davon abhängen, wie weit bei seiner Konstruktion alternative Lösungsmöglichkeiten berücksichtigt und durchgespielt wurden und wie flexibel er angelegt ist. Die zeitliche Abfolge der Lösungsschritte und die in der Sequenz jeweils auszuwählenden Verhaltensmittel müssen präzisiert werden. Das Umsetzen der Pläne in konkrete Aktionen haben wir als Selbst-Präsentation bezeichnet. Eine erfolgreiche Selbst-Präsentation setzt voraus, daß das Individuum über das von den Plänen her geforderte Verhaltensrepertoire verfügt und in der Lage ist, das eigene Verhalten auf das der Interaktionspartner und auf den gesamten sozialen Kontext abzustimmen. Da wir es in der Schulklasse mit Gruppen zu tun haben, muß das gelernte Repertoire des Verhaltens die Ausübung wichtiger Funktionen im sozioemotionalen und aufgabenbezogenen Aktivitätsbereich der Gruppe ermöglichen. Das schließt neben der entsprechenden sprachlichen Ausdrucksfähigkeit das für die Attribution von Intentionen, Emotionen etc. besonders wichtige nonverbale Verhalten ein.

Eine letzte Bedingung für ein erfolgreiches Problemlösen in sozialen Situationen ist die Rückkoppelung und Korrekturhandlung. Sie verlangt vom Individuum zunächst die Bereitschaft und Fähigkeit, die Wirkung des eigenen Verhaltens auf die Interaktionspartner abzuschätzen. Auch hier hat das nicht-sprachliche Verhalten wie Mimik, Gestik, Modulation der Stimme etc. einen wichtigen Stellenwert, denn ein wesentlicher Teil des Feed-back vollzieht sich über diese Kanäle der Kommunikation. Die rückgemeldeten Effekte des Verhaltens und die Veränderung der Situation müssen anhand der definierten Soll-Kriterien bewertet werden und zu Entscheidungen führen, welche Korrekturen der Definition des Problems, der Pläne und des Verhaltens anzubringen sind, bzw. ob die spezifische Aktion erfolgreich war und beendet werden kann.

Über die Aspekte der Sensitivität für Rückmeldung und ihre zielgerichtete kognitive Verarbeitung hinaus muß das Individuum in der Lage sein, Beobachtungen bei sich und anderen sowie seine Interpretation der interaktiven Beziehungen und Verhaltensweisen adäquat verbal und nonverbal zu vermitteln, d. h. selbst Rückmeldung zu geben. Die, gemessen an der Diskursfähigkeit, höchste Form wechselseitiger Rückmeldung der Interaktionspartner liegt vor, wenn sie Kommunikation nicht mehr ausschließlich zur Kommunikation verwenden, sondern um Informationen über ihre Kommunikation selbst und deren Störungen auszutauschen. Über diese Metakommunikation (Watzlawick et al. 1969) wird die Möglichkeit vorbereitet, Störungen durch Sinnverständigung und darauf aufbauendes aktives Handeln zu überwinden, d. h. sich diskursiv zu verhalten.

Mit der Darstellung der Problemlösungsprozesse haben wir versucht, die genannten Definitionsmerkmale der interaktiven Kompetenz zu konkretisieren. Es muß an dieser Stelle noch einmal darauf hingewiesen werden, daß es sich um Voraussetzungen von Diskurs handelt, die in einem längeren Lernprozeß bei den Schülern aufgebaut werden müssen.

2.4.3. Interaktive Kompetenz und Leitungsverhalten des Lehrers

Der Lehrer sollte, nach unserem Postulat, bereits über interaktive Kompetenz verfügen. Sein Erziehungsverhalten hat daher die entscheidende Funktion bei der zielorientierten Beeinflussung des Verhaltens und der Beziehungen der Mitglieder der Schulklasse. Wir wollen daraus eine Aussage darüber abzuleiten versuchen, welche Handlungsstrategie der Lehrer als Leiter in der Schulklasse verfolgen sollte. Dabei gehen wir davon aus, daß die Asymmetrie der Machtverteilung, gemessen am Kriterium Diskurs, eine Störung der Interaktion darstellt. Daher sollte der Lehrer ein Modell für ein herrschaftsarmes Verhalten sein, das die Freiräume für die Schüler zunehmend vergrößert. Diese Strategie des Verhaltens bedeutet, daß nicht der Lehrer allein, gestützt auf seine vielfältigen Machtquellen, Entscheidungen trifft, sondern als Mittel zum Aufbau interaktiver Kompetenz den Schülern selbst Versuche zur kooperativen Lösung von Problemen und Treffen von Entscheidungen durch Konsensus ermöglicht. Eine solche „regressiv komplementäre" (Schäfer & Schaller 1971) bzw. zunehmend symmetrische Interaktion hat ihre Begrenzungen in den institutionellen Bedingungen (Lehrpläne, Schulordnungen etc.). Diese Grenzen müssen den Schülern erläutert und ihnen gegenüber begründet werden. Innerhalb der explizit festgelegten Grenzen sollte der Lehrer jedoch Gruppenentscheidungen, zur aktiven Veränderung führende kritische Hinterfragung unbegründeter Normen und Rollenerwartungen etc. ermöglichen und fördern.

Die zweite Art von Begrenzung, die beachtet werden sollte, liegt im jeweils erreichten Stand des Lernens selbst. Der Lehrer gibt zunehmend mehr Leitungsfunktionen im sozio-emotionalen und aufgabenbezogenen Bereich an die Gruppenmitglieder ab. Er kann das allerdings nur tun, wenn durch vorangegangene Lernschritte gewährleistet ist, daß die Schüler bereits genügend interaktive Kompetenz besitzen, um diese Funktionen selbstverantwortlich erfüllen zu können. Dabei muß die speziell im Vordergrund stehende Aufgabe, der Stand der Gruppenentwicklung etc., d.h. die jeweilige konkrete Situation, berücksichtigt werden. Der Bewertungsmaßstab für das in der konkreten Situation gezeigte Lehrerverhalten sollte sein, ob und wie weit es den Schülern die ihrem Lernfortschritt angemessenen Diskurschancen eröffnet bzw. den gegenwärtig optimalen Lernzuwachs der Schüler in Richtung auf Diskursfähigkeit erreicht hat. Die Lernprozesse durch das Lehrerverhalten im Hinblick auf Diskurs erfolgreich verbessern heißt, die einseitige Ausrichtung der Interaktion auf den Lehrer abbauen, an Sprache, Sozialisationshintergrund, Motive und Bedürfnisse der Schüler anknüpfen, die Beziehungen der Schüler untereinander systematisch ausbauen und damit die Bedeutung der peer-group für die Sozialisation des Schülers konsequent berücksichtigen. Die Realisierung der skizzierten Verhaltensstrategie des Lehrers wird nur dann gelingen, wenn er wissenschaftlich fundierte Methoden zur Modifikation des sozialen Verhaltens und sozialer Strukturen professionell einsetzt. Eine nähere Beschreibung dieser Methoden soll im Rahmen des folgenden Kapitels (3.2) vorgenommen werden.

3. Konsequenzen und Maßnahmen

3.1. Die Professionalisierung des Lehrerberufs

In der Untersuchung der Schule als Organisation ist festgehalten worden, welche schulischen Strukturen der Verwirklichung demokratischer Rechte und der Annäherung an das Erziehungsziel der Diskursfähigkeit entgegenstehen. Es sind zugleich die Organisations- und Verwaltungsmodelle vorgestellt worden, die gegenwärtig diskutiert werden, wenn es um die Entbürokratisierung von Schule und Schulverwaltung bzw. um die Ausgestaltung der schulischen Autonomie geht. Die Forderung nach einer Neugestaltung der Organisation Schule und ihrer Verwaltung wird dabei meistens mit der Forderung nach der Professionalisierung des Lehrerberufs verbunden, die ihn befähigen soll, den Ansprüchen einer entbürokratisierten und enthierarchisierten Schulstruktur, deren wesentliches Merkmal in der Bereitstellung von Handlungsfreiräumen für den Lehrer liegt, zu genügen.

Zu einem gleichlautenden Fazit führen die Untersuchungen über die Interaktion in der Schulklasse. Wenn die Lehrer-Schüler Interaktionen sich im Hinblick darauf vollziehen sollen, daß allen an diesem Prozeß Beteiligten Diskurschancen eröffnet oder offengehalten werden, erwachsen daraus spezifische Anforderungen an die professionelle Kompetenz im Sinne eines berufsqualifizierenden Merkmals des Lehrers als Sozialisator. Der offensichtliche Mangel an Qualifikationen erschwert die Ausübung des Berufs, sofern sie an den Maßstäben einer bei Schülern und Lehrern anzustrebenden Diskurstüchtigkeit orientiert ist. Sie ist aber nicht dem Lehrer als fehlende Bereitschaft, angeborene Unfähigkeit oder vorsätzliche Ablehnung anzulasten. Vielmehr verweisen die Befunde aus der Analyse der Lehrerverhaltensweisen – im organisatorischen wie interaktiven Kontext – auf Defizite der Lehrerausbildung; d. h. die Forderung nach Professionalisierung enthält eine deutliche Kritik an der bisherigen wissenschaftlichen wie praktischen

Ausbildung und damit auch an der beruflichen Sozialisation. Wir werden uns deshalb kurz mit der Lehrerausbildung beschäftigen, bevor wir versuchen können, den Begriff der Professionalisierung definitorisch abzugrenzen und inhaltlich zu füllen. Den kritischen Maßstab zur Beurteilung von Ausbildungspraktiken und zur Bewertung von Konzepten zur Professionalisierung geben unsere Zielüberlegungen sowie die Ergebnisse unserer vorangegangenen Untersuchungen ab.

„Die jetzige Ausbildung führt nicht zum pädagogischen Fachmann", heißt das Fazit einer kritischen Diskussion der heutigen Lehrerausbildung bei Heckhausen (1970, S. 17), das den gegenwärtigen Erkenntnisstand widerspiegelt und sachlich den Ausgang aller Reformbemühungen um die Lehrerausbildung darstellt. Die in unserem Zusammenhang entscheidenden Mängel der bisherigen Ausbildung beziehen sich auf das Verhältnis von fachwissenschaftlicher und erziehungswissenschaftlicher Ausbildung sowie auf das Verhältnis von theoretischer und praktischer Ausbildung. Zum einen muß berücksichtigt werden, daß „die Tätigkeit des Unterrichtens und Erziehens erziehungswissenschaftliche Voraussetzungen hat, die nicht kompensatorisch durch Fachwissen im zu unterrichtenden Fach aufgewogen werden können" (Heckhausen 1970, S. 67). Zum anderen muß ein berufsorientierter Bezug für die Ausbildung gefordert werden, weil die Verwissenschaftlichung der Ausbildung – auch wenn sie zugunsten der Erziehungswissenschaft inhaltlich neu bestimmt wird – allein noch nicht zur Professionalisierung führt (Krüger 1973). In einer empirischen Untersuchung und Analyse der Einstellungen Jugendlicher zu ihren Lehrern hat H. Lüdtke (1973) festgestellt, daß Schülerinnen und Schüler spezifisch fachlich-intellektuelle Qualitäten von Lehrern in einem erstaunlich geringen Maße wahrnehmen und daß die Erfahrungen vieler Jugendlicher mit ihren Lehrern „kein Bild einer Bezugsperson hinterläßt, mit der partnerschaftliche Kommunikation und positiv gefärbte affektive Beziehungen möglich sind oder waren" (S. 48). Eine wesentliche Ursache, das wurde bereits angedeutet, scheint im autoritären Lehrerverhalten zu liegen, durch das nur dem Lehrer das Recht auf Situationsdefinitionen eingeräumt wird, wie es sich in den Äußerungen der befragten Jugendlichen deutlich darstellte. Wegen dieser Erfahrungen der meisten Jugendlichen und damit auch der meisten Erwachsenen ist es nicht verwunderlich, daß Lehrer im öffentlichen Bewußtsein noch längst nicht als Experten in Erziehungsfragen angesehen werden. Diese Tatsache erhärtet unsere Überlegungen, daß die Professionalisierung des Lehrerberufs in einer Richtung zu suchen ist, in der die Fähigkeit zur interaktiven Kompetenz im Umgang mit Schülern und Kollegen in den Mittelpunkt der Aus- oder Fortbildung rückt.

Die für eine veränderte Kommunikation des Lehrers mit Schülern und Kollegen erforderlichen Fähigkeiten verlangen theoretisch-wissenschaftliche Kenntnisse zur Sensibilisierung für das Problem und die eigene Person. Vor allem aber braucht der Lehrer eine berufspraxisbezogene Ausbildung, die Einübungs- und Erprobungsmöglichkeiten verschiedener Verhaltensweisen gegenüber Schülern zuläßt und der eine Berufseinführung folgt, die die Reflexion über die Praxis zum integralen Bestandteil der Berufsrolle erklärt und Spielraum für Erprobung von Interaktionsstrategien gewährt. Dieses praktische Übungsfeld hat es in der ersten Phase der überkommenen Ausbildung nie gegeben, weil sie als theoretisch-wissenschaftliche Vorbereitung galt. Aber auch der sog. Vorbereitungsdienst als praktische Berufseinführung hat unter anderen Erfordernissen gestanden.

Es soll deshalb nachgefragt werden, weshalb die bisherige Lehrerbildung die Vernachlässigung der erzieherischen Aufgabe so stark begünstigt (dazu Reinhardt 1972; Liebhart 1973). Zunächst wird dem zukünftigen Lehrer qua Berufswahl ein positives Verhältnis zu Schülern unterstellt. Nachweislich ist aber das Motiv, Lehrer zu werden, oft kein pädagogisches (Heckhausen 1970, S. 15). Hinzu kommt, daß die Konzentration auf theoretische Disziplinen gleich in den Anfangssemestern des Studiums nicht Beziehungen zu späteren Klienten stiften hilft, sondern ein Verhältnis der Distanz vorbereitet. Daraus folgt, daß man zwar theoretisch ein symmetrisches Rollenverhältnis zwischen Lehrer und

Schüler akzeptiert und auch zu spielen bereit ist, aber nicht realisiert, daß eine solche Schülerrolle aufzubauen erst Teil – und zwar wesentlicher Teil – der Erziehungsaufgabe des Lehrers selbst ist. Schwierige Schüler oder solche, die ihre Schülerrolle (noch) nicht spielen können, werden deshalb, wie gezeigt wurde, oft abgelehnt. Insgesamt versucht der Lehrer, auf Schülerverhalten vornehmlich dadurch zu reagieren, daß er auf Kontrollfunktionen rekurriert und Sanktionen verhängt. Die theoretische und dabei fachwissenschaftlich akzentuierte Ausbildung des Lehrers, die erzieherische Probleme aus dem Bereich der schulischen Interaktionen ebenso vernachlässigt wie sie einzuübende Verhaltensfertigkeiten ausklammert, macht den Lehrer in der Berufswirklichkeit nicht handlungsautonom zur Verfolgung kommunikativer Ziele. Sie kommt stattdessen einer Berufseinstellung entgegen, wie sie von der Schule als bürokratischer Organisation ohnehin begünstigt wird. Diese grenzt Handlungsspielräume ein und gibt dem Lehrer vor, wie er die auftauchenden schulischen Probleme, Strukturkonflikte und Antinomien mit einheitlich normierten, überschaubaren und kontrollierbaren Verfahren löst. Wer in einer solchen Organisation und mit der beschriebenen Vorbildung unter Handlungszwang (täglicher Unterricht, Klassenarbeiten, Zensuren) und unter den Druck von Bewährungsanforderungen (zweites Examen) gestellt wird, muß fast zwangsläufig während der beruflichen Sozialisation einen Verhärtungsprozeß durchmachen, der ihn seine Verhaltensweisen frühzeitig festlegen läßt. Der Lehrer drängt seine erzieherische Aufgabe hinter der selektiven zurück, hebt seine Bereitschaft, auf Situationsdefinitionen der Schüler einzugehen, auf und verstärkt sein Verständnis vom Lehrerberuf als primär fachwissenschaftsorientiert.

Die kurz skizzierte Kritik an Erstausbildung und Berufseinführung des Lehrers ist ebensowenig neu wie der Ruf nach der Professionalisierung seines Berufes. Dennoch bietet die entsprechende Literatur wenig Hilfen, wenn es darum geht, die Zielrichtung einer verbesserten Ausbildung bzw. den Begriff der Professionalisierung zu bestimmen. Das bestätigt unsere Ausführungen in der Einleitung, daß nämlich die Diskussion um die Zielsetzung der Schule diskontinuierlich, oft ohne Begründungszusammenhang und ohne die konsequente Berücksichtigung von zieladäquaten Maßnahmen geführt wird. An den verschiedenen vorliegenden Überlegungen zur Professionalisierung des Lehrerberufs wird das noch weiter illustriert.

In der amerikanischen Forschung und Literatur gibt es eine breite Diskussion über die Merkmale, die eine ‚Profession' ausmachen bzw. über die zentralen Kriterien, die erfüllt sein müssen, wenn ein Beruf über den Prozeß der Professionalisierung (= Verberuflichung) zu einer solchen ‚Profession' erhoben wird (Krüger 1973). So gilt z. B. einmal als Hauptmerkmal der Professionalisierung eine systematische Spezialisierung. Sie wird immer dann gefordert, wenn sich Berufe aufgrund technischer Entwicklungen und zunehmender Arbeitsteilung in hochkomplexen Gesellschaften weiter ausdifferenzieren. Ein andermal gilt als Charakteristikum der Professionalisierung das hohe Sozialprestige eines Berufes mit den damit verbundenen Vorteilen und Privilegien. Wieder andere Autoren sehen die eigentliche Besonderheit im Gewinnen von Macht und Autorität im Sinne von Herrschaftsausübung eines einzelnen über andere. Dem steht jene Deutung gegenüber, die die Professionalisierung durch den Zuwachs von Autonomie gekennzeichnet sieht. Autonomie wird dabei in unserem Sinne als Handlungsspielraum verstanden, der den Mitgliedern einer Organisation aufgrund entsprechender Strukturen gegeben ist.

Bei der Professionalisierung des Lehrerberufs handelt es sich vorrangig nicht mehr um eine Diskussion des ‚äußeren Berufsstatus', nachdem der Prozeß der sozialgeschichtlichen Ausformung des Lehrerberufs – von einer vorübergehenden nebenberuflichen Beschäftigung zur beamteten Lehrtätigkeit – als abgeschlossen bezeichnet werden kann (Döring 1972[3], S. 16). Vielmehr geht es gegenwärtig um Versuche, über die Professionalisierung die Berufsqualität zu erreichen, die durch die heutige Berufssituation erforderlich geworden ist. Weit verbreitet sind Konzepte, die den Lehrerberuf über das Kriterium der Spezialisierung anheben wollen. Professionalisierung wird als von der gesellschaftlichen Entwicklung abhängig gesehen. Sie ist ein notwendiger Prozeß in der Ausdifferenzierung von Berufen aufgrund technischer Entwicklung und zunehmender Spezialfähigkeiten in komplexen Gesellschaften. Unter ‚professionalisiert' wird dann ein Berufszustand verstanden, der von den Fähigkeiten, Fertigkeiten und Kenntnissen her den qua Ausdifferenzierung und Spezialisierung gewandelten und sich ständig weiter wandelnden Anforderungen und Erwartungen an die Berufsrolle voll entspricht. Programmatisch dafür ist das Thema „Lehrerrolle im Wandel". Die Literatur zu diesem Problembereich macht sehr detaillierte Angaben über die neuen Fähigkeiten und Funktionen, über die der Lehrer als hochspezialisierter Fachmann verfügen sollte. Viele der Funktionsbezeichnungen sind dabei aus Technik und Management entlehnt: Curriculumkonstrukteur, Diagnostiker, Interessenvertreter, Koordinator, Manager, Materialaufbereiter, Medienspezialist, Organisator, Planer, Sozialisationsagent, Stratege, Testspezialist, Unterrichtsorganisator, -planer, -technologe u. a. m..

In dieser Ausdifferenzierung von Einzelfunktionen und Spezialtätigkeiten wird Schule als nach den Strukturmerkmalen eines Großunternehmens organisiert betrachtet. Großunternehmen können bei sehr hohen Anforderungen durch Teilaufgaben und Spezialtätigkeiten nur dann noch ihre Arbeit aufrechterhalten bzw. ihre Effizienz steigern, wenn sie Rationalisierung qua Arbeitsteilung und Arbeitsteilung qua Spezialisierung einführen. Im Großbetrieb Schule kann der Lehrer dann wählen, ob er sich als Curriculumkonstrukteur oder Medientechniker, als Unterrichtsdiagnostiker oder Leistungsbewerter, als Sozialpsychologe oder Berater spezialisieren will. Vorschläge solcher Funktionsausgliederungen gibt es zu Hauf, meistens gekoppelt mit Ratschlägen zur Koordination, weil durch die Arbeitsteilung gleich wieder neue Funktionen zur Aufhebung der Arbeitsteilung unvermeidlich werden. Die Frage ist nur, und deshalb ist diese Darstellung bewußt überzeichnet worden, ob der hier getroffene Ansatz richtig ist; ob die Schule nicht auf dem Irrweg ist, wenn sie glaubt, sich an Maßstäben von Technologie und Großbetrieb orientieren zu müssen. Spezialisierungen im Bereich unterrichtlicher und erzieherischer Aufgaben könnten nämlich zur Instabilität der Beziehungen zwischen Lehrer und Schüler führen, Schüler orientierungslos machen und die Gefahr des atomisierten Lernens heraufbeschwören. Ein Großteil der Versuche, die Bedeutung des Lehrerberufs über eine Fülle von Anforderungen und Spezialtätigkeiten zu beschreiben, tragen u. E. gerade nicht zu einer Professionalisierung im Sinne der Befähigung zu besserer Berufsausübung bei. Sie zeugen eher von Unsicherheit, davon, daß man nicht weiß, wie die erzieherische und unterrichtliche Aufgabe des Lehrers zu beschreiben ist. Man kompensiert sie deshalb durch Ausdifferenzierungen von untergeordneten Funktionen. Andere Versuche, Professionalisierung des Lehrerberufs zu betreiben, rekurrieren auf das Kriterium der Handlungsautonomie oder des Handlungsspielraumes und der Innovationsfähigkeit (Krüger 1973, Reichwein/Frech 1971). Professionalisierung ist dann die Befähigung, Handlungsspielräume strukturieren zu können, mit veränderten Aufgaben, neuen Praktiken und Problemstellungen fertig zu werden. Eine solche Fähigkeit soll vor allem der Tatsache Rechnung tragen, daß eine im Zeichen der Veränderung stehende Schule immer wieder so viele neue Anforderungen an den Lehrer stellt, daß er sich nicht auf eine Spezialfunktion starr festlegen darf. Das Hauptproblem der Handlungsautonomie liegt in dem möglichen Widerspruch zwischen der vom Beruf her geforderten Notwendigkeit, sie zu praktizieren, und der Unmöglichkeit, Handlungsvollzüge bestimmen zu können, weil die strukturellen Bedingungen des Arbeitsplatzes fest vorgegeben sind. Die Fähigkeit zur Strukturierung von Handlungsspielraum bezieht sich deshalb immer auf einen schulischen Kontext von entbürokratisierten Organisationsstrukturen (Fürstenau 1969).

Dieses Verständnis von Professionalisierung steht mit unseren bisherigen Überlegungen soweit in Einklang, wie es die Analysen zur Schulorganisation und die damit verbundene Forderung nach Handlungsspielraum betrifft.

Es hat den Vorzug, daß es aus der Fülle möglicher Anforderungen auswählt, auf die Herausforderung durch Neuerungen besonders im schulorganisatorischen Bereich zentriert und damit einen wesentlichen Strukturkonflikt des Lehrerberufs anspricht. Der entscheidende Unterschied aber besteht darin, daß die Zieldiskussion nicht geführt wird, daß offen bleibt, woraufhin der Lehrer professionalisiert werden soll, was er innovieren und handlungsautonom gestalten soll, wenn er seine Berufsausübung verbessern will.

Statt sich an wechselnden Strömungen möglicher Anforderungen und Zusatzfunktionen und d. h. an der pädagogischen Aufgabe vorbei zu orientieren, muß ein Konzept der Professionalisierung da ansetzen, wo beispielsweise Spezialisierung und Handlungsautonomie als Ableitungen aus der ganz spezifischen Zwecksetzung des Lehrerberufs beschreibbar sind. Döring (1972[3]) sieht dieses Spezifikum in der möglichst engen Kongruenz zwischen der Zwecksetzung des erzieherischen Berufs und dem beruflichen Verhalten. Er beschränkt und konzentriert sich in seinen Studien zur Lehrerprofessionalisierung deshalb auf die Dimension erzieherischen Verhaltens. Döring versteht den Lehrer als Erziehungsspezialisten, „welcher spezifische Aufgaben mit Hilfe eines differenzierten Instrumentariums pädagogischer Hilfsmittel möglichst optimal zu lösen hat“ (S. 13). Das entscheidende dieser pädagogischen Hilfsmittel ist das Verhalten des Lehrers selbst, das deshalb bewußt und sachlich in den Dienst der erzieherischen Aufgabe gestellt werden muß. Die rationale Steuerung des Verhaltens im Unterricht und sein instrumentaler Einsatz als Komponente des Lehrverfahrens sind nach Döring das Charakteristikum der Professionalisierung des Lehrerberufs. Die Forderung nach der ständigen Reflexion des Verhaltens leitet sich aus der Erkenntnis ab, „daß im aktuellen Erziehungsverhalten stets immer schon die Ziele präsent sein müssen, auf die hin sich verhalten wird“ (1972[3], S. 37). Obgleich diese Aussage mit unseren Überlegungen übereinstimmt, scheint sie uns als Beschreibung von Professionalisierung noch unzureichend, weil auch hier wieder die Zieldiskussion ausgespart wird, die der Professionalisierung erst ihre inhaltliche Qualität verleihen könnte.

Die postulierte Kongruenz zwischen den „spezifischen beruflichen Anforderungen des Lehrerberufs" (S. 120) und dem Lehrerverhalten bleibt formal. Döring erfaßt zwar Basalfunktionen des Lehrers, wenn er dessen Professionalisierung über die Steuerung des erzieherischen Verhaltens erreichen will, aber u. E. wird auch hier nicht deutlich, auf welches Erziehungsziel hin der Lehrer sein Handeln und Verhalten ausrichten soll, weil die normative Dimension erzieherischen Tuns nirgends in den Blick kommt.

Aus dieser kritischen Beurteilung vorliegender Bemühungen um die Professionalisierung des Lehrerberufs ergibt sich zwingend, daß eine Neubestimmung dieser Forderung nur im Zusammenhang einer Zielentscheidung erfolgen kann, weil anders weder inhaltliche Aussagen möglich sind noch Prioritäten im Angebot möglicher Rollen und notwendiger Funktionen gesetzt werden können. Im Rahmen unserer Überlegungen wird sich die Bestimmung der Professionalisierung am Lernziel der Diskursfähigkeit orientieren müssen. Sie muß so beschaffen sein, daß den Anforderungen an Schule entsprochen werden kann, wie sie aus den organisationssoziologischen und den Interaktions-Analysen abgeleitet wurden. Professionalisierung des Lehrerberufs kann danach nur bedeuten, daß der Lehrer die pädagogische Aufgabe des Umgangs mit den Schülern innerhalb und außerhalb des Unterrichts besser bewältigt und daß sich alle anderen Funktionen als dieser Größe nachgeordnet bestimmen lassen müssen.

Die pädagogische Aufgabe des Lehrers aber ist seine Zuwendung zum Schüler um dessen möglichst günstiger Entwicklung willen. Damit die in dieser Formulierung enthaltene Aussage nicht als individualistisch und unpolitisch mißverstanden wird, müssen zwei korrigierende Ergänzungen angefügt werden, die zugleich den Rückbezug zu unseren anfänglichen Analysen sichern. 1. Der Lehrer in der Schule hat es nicht mit dyadischen Erziehungsverhältnissen zu tun, sondern arbeitet als einzelner mit einer ganzen Gruppe. 2. Jede erzieherische Aufgabe muß als eine politische gesehen werden, weil Erziehung in der Organisation Schule stets in gesellschaftlichen Verflechtungen steht und darauf ausgerichtet sein muß, zur Existenz dieser Gesellschaft wie zu deren Weiterentwicklung beizutragen. Zugleich impliziert die Tatsache, daß der Lehrer seine erzieherische Aufgabe im Rahmen der Schule als Organisation wahrnimmt, daß er über die Interaktion mit den Schülern hinaus auch auf gemeinsames Handeln mit den Kollegen vorbereitet sein muß. Lehrer müssen ein Arbeitsverhältnis etablieren können, das sich als Kooperation Gleichgesinnter am gemeinsamen Berufszweck versteht, wenn Erziehung zum Diskurs nicht der isolierte Versuch eines einzelnen Lehrers – mit entsprechend verminderten Erfolgsaussichten – bleiben soll. Professionalisierung des Lehrerberufs, so können wir jetzt definieren, zielt auf eine doppelte Befähigung des Lehrers ab: Er muß im Unterricht ein Interaktionsverhältnis aufbauen können, das den Schülern wie sich selbst den Erwerb von Fähigkeiten zum Diskurs ermöglicht (vgl. Kap. 2). Er muß gleichermaßen im außerunterrichtlichen Bereich der Schule ein Interaktionsverhältnis aufbauen können, das für die Kollegen wie für sich selbst die Gewinnung bzw. Festigung der Diskursfähigkeit gewährleistet. Nach dem dargelegten Verständnis von Diskurs schließt das eine Handlungskomponente ein, die auf den Ausbau schulischer Autonomie gerichtet sein muß, d. h. auf die Schaffung schulorganisatorischer Voraussetzungen, die Spielräume für Diskurs eröffnen oder erweitern (vgl. Kap. 1).

Diese Neubestimmung der Professionalisierung muß sich noch die Frage gefallen lassen, ob sie den genannten wissenschaftlich diskutierten Kriterien einer Professionalisierung allgemein genügt.

Die Arbeit des Lehrers mit dem Ziel, bei sich und anderen interaktive Kompetenz aufzubauen und damit Diskurschancen zu eröffnen, wird als *die* Spezialtätigkeit des Lehrers als eines erzieherischen Berufs betrachtet.

Durch das Verständnis von Diskurs als einer Ebene des Verstehens, Erkennens und Handelns findet in dieser Definition das Kriterium der Handlungsautonomie seine volle Berücksichtigung, nur daß Handlungsautonomie jetzt inhaltlich bestimmt ist durch die Ausrichtung auf Ermöglichung von Diskurs.

Wenn der Lehrer in diesem Sinne Fachmann für Erziehung ist, und das fest verankert im öffentlichen Bewußtsein, würde sich ein gestiegenes Sozialprestige, vergleichbar dem des Arztes, als Nebenprodukt einstellen.

Zugleich ist aber deutlich, daß der Lehrerberuf niemals dadurch professionelle Dignität erwerben darf, daß er Macht als Möglichkeit der Herrschaftsausübung hinzugewinnt. Ganz im Gegenteil: Diskursfähigkeit kann per definitionem nur dadurch erzielt werden, daß Herrschaft systematisch abgebaut wird, daß asymmetrische in symmetrische Beziehungen überführt werden und das Übergewicht des Lehrers auf die rational einsehbaren Faktoren reduziert wird. An dieser Stelle wird deutlich, wie schillernd, ja wie fragwürdig der Begriff der Professionalisierung ist, je nachdem, wie er gebraucht wird, und daß es wegen der in dem Begriff implizierten Zielkomponente notwendig ist, ihn in einen eindeutigen Kontext zu stellen. Anders wird es auch kaum möglich sein, Maßnahmen zu entwickeln und im folgenden zu konkretisieren, die Professionalisierung in diesem Sinne der Diskursfähigkeit und Handlungsautonomie erreichen helfen. Die interaktive Kompetenz, ohne die der Lehrer Vollzugsbeamter von Curriculum oder Didaktik bleibt, wird sich vorrangig auf seine Rolle im Unterricht, aber auch auf sein Verhältnis zu den Kollegen auswirken. Die Handlungsautonomie, ohne die der Lehrer Vollzugsbeamter von administrativen oder politischen Maßnahmen bleibt, wird sich vorrangig auf seine Arbeit in der Organisation Schule, ihren im weitesten Sinne politischen Gremien, aber auch auf sein Verhältnis zu den Schülern auswirken.

3.2. Maßnahmen zur Entwicklung professionellen Lehrerverhaltens

Die Maßnahmen, die wir vorschlagen und näher skizzieren wollen, sollen zum Aufbau dieser beiden Merkmale – der interaktiven Kompetenz und der Handlungsautonomie von Lehrern – beitragen. Als Bereich ihrer Realisierung wird die Lehrerfortbildung gewählt, weil hier, im Gegensatz zu einer langfristig anzusteuernden Reform des Hochschulstudiums, die Chancen zu einer unmittelbaren Realisierung gegenwärtig am größten zu sein scheinen. Wir können dabei auf Erfahrungen verweisen, die mit der Durchführung von Teilen des nachfolgenden dargestellten Fortbildungsprogrammes in Schleswig-Holstein bereits gesammelt wurden (Prose 1972). Das Programm umfaßt drei Bereiche: a) Aufbau interaktiver Kompetenz der Lehrer selbst; b) diskursorientierte Leitung und Fähigkeit zur Modifikation des Schülerverhaltens in Richtung interaktiver Kompetenz; c) Erarbeitung von Konzepten für schulorganisatorische Veränderungen zur Förderung von Diskurschancen.

Unsere bisherigen Erfahrungen beziehen sich auf das Training von Lehrern in den ersten beiden Bereichen. Diese wurden in zwei 5-tägigen Kursen, die sich inhaltlich ergänzten, behandelt. An den Kursen nahmen bis zu 30 Lehrer teil, die von einem Team von Psychologen und Pädagogen betreut wurden. Die Wirksamkeit solcher Kurse, für sich genommen, ist begrenzt. Unsere Erfahrungen haben gezeigt, daß langfristig erfolgreiche Veränderungen nur erreicht werden können, wenn bei den Teilnehmern eine klare Zielperspektive aufgebaut wird und der in den Kursen erfolgende Lernprozeß die Teilnehmer motiviert und befähigt, die notwendige Weiterarbeit in der konkreten Schulsituation zu organisieren.

Die folgende Darstellung eines dreistufigen Fortbildungsansatzes hat programmatischen Charakter. Wir versuchen, unsere bisher praktizierten Ansätze deutlich in einen Begründungszusammenhang mit dem Ziel Diskurs zu stellen und sie so weiterzuverarbeiten, daß eine schrittweise Annäherung an dieses Ziel möglich wird. Als Konsequenz aus der hier vorgelegten Analyse der Schule sowie aus den Schwierigkeiten, die sich bisher bei der Umsetzung von Kurserfahrungen auf die Schulpraxis ergaben, werden neben den individuen- und gruppenzentrierten Modifikationsansätzen der ersten beiden Kurse Fortbildungsveranstaltungen vorgeschlagen, die die Schule als Organisation zum Gegenstand haben und die Lehrer auf diskursorientierte Veränderungen im institutionellen Bereich vorbereiten.

3.2.1. Aufbau interaktiver Kompetenz der Lehrer

Mit der ersten Fortbildungsveranstaltung sollen innerhalb des dreistufigen Programmes bei den Lehrern die Grundlagen einer Motivation zum Diskurs und der Entwicklung interaktiver Kompetenz aufgebaut werden. Die dafür erforderlichen Einzelschritte, die die Zwischenziele dieses Kurses angeben, haben wir bereits eingehend behandelt (2.4.2). Es geht darum, die Teilnehmer für die angesprochene Problemstellung zu interessieren und ein Bedürfnis aufzubauen, das eigene Verhalten in Richtung Diskurs zu verändern. Um diese Veränderung durchführen zu können, müssen die Teilnehmer Hilfen zur Analyse ihres eigenen interaktiven Verhaltens bekommen, es prüfen und alternative Wege für das Verhalten konstruieren. Die Umsetzung der Pläne in tatsächliche Bemühungen um Veränderung wird innerhalb des Kurses unter systematischer Überprüfung der Wirkungen auf die Interaktionspartner und fortlaufender Korrektur versucht. Der Ansatzpunkt der Modifikation sind die kognitiven Verarbeitungsprozesse und das interaktive Verhalten der Teilnehmer selbst. In einer Atmosphäre der persönlichen Sicherheit sollen neue Möglichkeiten des Verhaltens in Gruppen entwickelt, erprobt und kritisch auf ihren Beitrag zur Erreichung des zuvor gemeinsam vereinbarten Zieles Diskurs hin untersucht werden. In jedem Abschnitt des Lernprozesses hat die bewußte Entscheidung der Kursteilnehmer sowie die Transparenz der Ziele und Methoden eine zentrale Bedeutung.

Die Methoden, mit denen die interaktive Kompetenz der Lehrer innerhalb des Kurses vorbereitet wird, sind in modifizierter Form dem Inventar gruppendynamischer Trainingsansätze entnommen (Bradford et al. 1964; Schein & Bennis 1967; zur Effektivität s. Cooper & Mangham 1972). Gruppensitzungen (T-Gruppe) sind das zentrale Element. Sie finden in einer weitgehend unstrukturierten Situation (8-10 Teilnehmer) unter Hilfe eines geschulten Trainers (vgl. Prose 1972) statt. Gruppengespräche und Anstöße zur Selbsterfahrung durch Anregungen des Trainers, Fragebogen, Video- und Tonband-Feedback sollen die Individuen anregen, die stattfindenden Gruppenprozesse unter Berücksichtigung des Verhaltens und der Emotionen der Mitglieder systematisch zu beobachten und zu analysieren; aus den gesammelten Informationen Konsequenzen für die Gestaltung der Interaktion der Gruppenmitglieder untereinander, insbesondere für das eigene Verhalten zu entwickeln, die sie dem Ziel Diskurs näherbringen; diese Konsequenzen experimentell innerhalb der Gruppe zu realisieren und unter Einbeziehung erneuter Beobachtung, Analyse und weiterer Veränderungen einen Lernprozeß einzuleiten, dessen Ergebnisse an den vorher definierten Zielen und Zwischenzielen gemessen werden können.

Ein weiteres wichtiges Kurselement sind gezielte Übungen und Rollenspiele zu zentralen Aspekten der interaktiven Kompetenz. So werden Video-Aufnahmen von Interaktionen in Gruppen (zunächst 2-er Gruppen) gezeigt, die mit Hilfe vorgegebener Beobachtungskategorien (non-verbale u. verbale Verhaltensweisen) von den Teilnehmern ausgewertet werden. Damit kann u. a. die Wahrnehmungsgenauigkeit verbessert werden (vgl. Rappaport et al. 1973). Nach diesem Trainingsschritt werden die Beobachtungen an Gruppen der Kursteilnehmer selbst vorgenommen und an diese rückgemeldet. Andere Übungen demonstrieren z. B. die Auswirkungen verschiedener Kommunikationsstrukturen (hierarchische, horizontale Struktur) auf die Leistung und die Motivation der Gruppenmitglieder. Die Übungen werden in den erwähnten Trainingsgruppen bzw. mit Teilnehmern aus verschiedenen T-Gruppen (Intergruppen) durchgeführt. Sie sind oft entsprechend Experimenten der Interaktionsforschung konstruiert, stellen die Teilnehmer in eine strukturierte soziale Situation und vermitteln über das eigene Erleben (learning by doing) systematische und kontrollierbare Erfahrungen. In den Rollenspielen werden wichtige Komponenten einer problematischen Realsituation (z. B. ein Konflikt mit Kollegen etc.) berücksichtigt und alternative Problemlösungen durchgespielt. Bei den Rollenspielen wird Video-feedback als Trainingstechnik eingesetzt, d. h. die Rollenspiele der Teilnehmer werden aufgezeichnet und sind Gegenstand der gemeinsamen Analyse und Besprechung.

Informationssitzungen und Diskussionen dienen der Bildung von Konzepten. In Anknüpfung an die im Kurs stattfindenden Gruppenprozesse werden in ihnen Theorien und Ergebnisse der Interaktionsforschung vermittelt. Dadurch wird es den Teilnehmern erleichtert, das eigene Verhalten und Erleben zu analysieren, ihre Erfahrungen im Kurs zu generalisieren und auf die schulische Situation zu übertragen.

Durch besondere Übungen schließlich, die teilweise die Form von Planspielen annehmen können, werden Probleme und Grenzen, die sich für die Anwendung dieser Lernerfahrungen ergeben, bewußt gemacht und konkrete Übertragungsmöglichkeiten für den Alltagsbereich der Teilnehmer (Schulsituation) durchgespielt. Dabei werden die durch den Kurs eingeleiteten individuellen Veränderungsprozesse zu Plänen für eine fortschreitende Selbstmodifikation verarbeitet. Der Lehrer, der am Kurs teilgenommen hat, entscheidet sich für einige für ihn problematische eigene Verhaltensweisen, die er in einem begrenzten Zeitraum nach der Fortbildungsveranstaltung verändern möchte. Eine solche Verhaltensweise könnte z. B. sein, daß er leichter mit Tadel auf einen bestimmten Schüler, vielleicht einen Außenseiter in der Klasse reagiert als auf andere. Für die Verhaltensweise wird ein möglichst genauer Plan aufgestellt, der sowohl die Analyse des Auftretens der Verhaltensweise (Zeitpunkt, Häufigkeit, Situation) als auch ein Programm für deren Abbau über präzis angebbare Zwischenziele (z. B. in jeder Stunde mindestens einmal positive Zuwendung zum Schüler) enthält.

Die skizzierten Elemente werden zu einem Programm zusammengestellt, das die Teilnehmer auffordert, von der Analyse interaktiven Verhaltens über die Bestimmung von Zielvorstellungen zur Bildung von systematischen Handlungsplänen und der Ausübung kompetenter Interaktionen zu gelangen. Diese Schritte sind mit dem Ende des Kurses nicht abgeschlossen. Es sind jedoch Bedingungen für die eigene zielgerichtete Weiterarbeit hergestellt worden: Als Voraussetzung für den Aufbau interaktiver Kompetenz der Schüler im Unterricht wird Modellverhalten des Lehrers möglich. Durch die eigenen Lernerfahrungen ist er in der Lage, die bei den Schülern erforderlichen Lernprozesse besser zu strukturieren und anzuregen. Klarheit und Differenzierung der Zielvorstellungen und intensiviertes Problemlösen tragen zur systematischen Planung des pädagogischen Verhaltens bei.

In bezug auf den Umgang mit Kollegen gilt, daß erfolgreiche Entscheidungsprozesse der Lehrerschaft zur Setzung eigener Ordnungen, zur Planung und Erprobung von Curricula etc. durch gemeinsame Motivationen zum Diskurs und entsprechende Kompetenz im sozialen Umgang gefördert werden. Weiterarbeit im Anschluß an den Kurs bedeutet daher, daß jeder Teilnehmer bewußt ein auf Diskurs gerichtetes Programm zur Modifikation des eigenen Verhaltens gegenüber Schülern und Kollegen (z. B. Etablierung von Rückmeldung und Austausch innerhalb des Kollegiums) entwirft und versucht, es im Rahmen des Möglichen zu realisieren. Ein Mittel ist die fortlaufende und ständige Rückmeldung über das eigene Verhalten und seine Wirkung durch die Schüler (Fragebogen, Diskussion etc.), ein anderes die wechselseitige Hospitation durch Kollegen, die Metakommunikation in Arbeitsgruppen, Konferenzen etc. mit Kollegen. Eine Erleichterung zur Realisierung des letzteren ist dann gegeben, wenn es gelingt, das gesamte Kollegium gleichzeitig zur Teilnahme an diesem ersten Kurs zu veranlassen. Das wird nur in Ausnahmen möglich sein. Wenn dieser günstige Umstand nicht vorliegt, müssen andere Wege gefunden werden, den weiteren Aufbau interaktiver Kompetenz zu sichern. Wichtig ist die Bildung und systematische Vergrößerung einer zum Diskurs motivierten Gruppe im Kollegium. Dies kann durch Information, Diskussion, Bekräftigung und Unterstützung entsprechender Ansätze geschehen. Gleichgesinnte Kollegen sind eine unerläßliche Bedingung für die Generalisierung und Stabilisierung interaktiver Kompetenz des Lehrers im Unterricht und im Kollegium; denn eine am Diskurs ausgerichtete kritische Hinterfragung und Neudefinition der Lehrerrolle ist besonders auf die Umdefinition der Erwartungen auch der Kollegen angewiesen, wenn sie bestimmend für das Handeln werden soll.

3.2.2. Diskursorientierte Leitung und Modifikation des Schülerverhaltens

Stand im ersten Kurs die Entwicklung der Kompetenz des Lehrers im Vordergrund, so geht es hier darum, wie die interaktive Kompetenz des Schülers aufgebaut werden kann. Die Erfahrungen des ersten Kurses sollen durch die Erprobung diskursorientierten Leitungsverhaltens des Lehrers und möglicher Strategien zur Modifikation von interpersonalem Verhalten der Schüler sowie von sozialen Strukturen in der Schulklasse ergänzt werden. Nahezu die gesamte Arbeit während des Kurses findet in Kleingruppen statt, die eine eingehende Beratung durch das Leitungsteam erfahren. Als Material werden u. a. Video-Aufnahmen von Unterricht, Fragebogen und Daten über das soziale Verhalten von Schülern zur Verfügung gestellt. Dazu läßt sich eine Reihe konkreter Arbeitsziele nennen: Zunächst einmal geht es darum, daß die Teilnehmer Verfahren kennenlernen und auf konkrete Beispiele anwenden, mit denen sich eine Situations- und Verhaltensanalyse im Klassenzimmer vornehmen läßt. Zu den Verfahren, deren Grundzüge vermittelt werden, gehören die soziometrische Erhebung, die systematische Beobachtung von Schülerverhaltensweisen, die Konstruktion und Verwendung von Fragebogen in der Klasse etc.. Die genannten Verfahren sollen dem Lehrer helfen, eine möglichst genaue Definition der Ausgangslage vorzunehmen, die er in seiner Klasse bzw. bei den Einzelschülern vorfindet. Sie dient als Grundlage für den nächsten, im Kurs geübten Schritt: die Entwicklung präziser Ziele und Zwischenziele zum Aufbau interaktiver Kompetenz der Schüler. Hat der Lehrer z. B. aufgrund seiner Analyse festgestellt, daß die Schüler häufig aneinander vorbeireden, sich mißverstehen, ihr Verhalten nicht auf das des Partners abstimmen können, so könnte er als ein angestrebtes übergeordnetes Ziel für die Schüler formulieren, sich in den anderen hineinversetzen, d. h. die Fähigkeit zur Rollenübernahme zu erlangen. Je nachdem, wie die konkrete Ausgangslage in der Schulklasse beschaffen ist, wird er dieses Ziel in einzelne erreichbare Zwischenziele wie z. B. zuhören können, die

Meinung des anderen wiedergeben können etc. aufgliedern.

Nach der Analyse der Ist-Lage in der Klasse und der Formulierung von spezifischen überprüfbaren Zielen werden als weiterer Schritt Methoden und Verhaltensstrategien entwickelt und erprobt, die dem Aufbau der durch die ausgewählten Ziele angesprochenen Aspekte interaktiver Kompetenz dienen. Das Team der Kursleiter vermittelt dazu einen Überblick über die verschiedenen Möglichkeiten zur Modifikation des Verhaltens von Schülern. Es werden Bekräftigungs- (Reinforcement-) Strategien sowie Strategien, die Modell-Verhalten des Lehrers einsetzen, angesprochen und unter Bezug auf die konkreten Zielvorstellungen erprobt. Rollenspiele und spezifische Übungen, die geeignet sind, zusammen mit den Schülern neue Verhaltensweisen in sozialen Situationen zu erarbeiten, werden als Material im Kurs angeboten bzw. in gemeinsamer Arbeit entwickelt.

So kann z. B. ein konkreter Fall, bei dem ein Mißverständnis zweier Schüler vorliegt, durchgespielt werden und zum Ausgangspunkt einer Analyse der Emotionen, der Ursachen für das Mißverständnis sowie der Möglichkeiten zur Vermeidung der Mißverständnisse aufgezeigt werden. Nicht nur als Mittel zur Analyse der Situation, sondern auch als Mittel der Veränderung von Verhaltensweisen werden die Lehrer mit objektivierter Verhaltenserfassung und systematischer Rückmeldung vertraut gemacht. Sie spielen die Möglichkeiten durch, in ihrer Klasse Beobachtung, Fragebogen, Tonband- und Videoaufnahmen regelmäßig einzusetzen und mit den Schülern über die Ergebnisse zu diskutieren. Eine Methode, die mit zunehmendem Alter der Schüler eine wachsende Bedeutung erlangen wird, ist, durch Arbeitsmaterialien, Texte etc. direkt Information über Bedingungen und Effekte der Interaktion und Kommunikation (auch und besonders in der Schule) zu vermitteln und diese Information anknüpfend an die eigenen Erfahrungen der Schüler zu diskutieren. Dabei sollte die Diskussion die normativen Gesichtspunkte nicht aussparen, d. h. Lernziele wie Fähigkeit, sich in den anderen hineinzuversetzen bzw. noch engere Unterziele wie zuhören können, sollten gemeinsam mit den Schülern erörtert, entwickelt, festgelegt werden. Sicher wird es mit älteren Schülern auch möglich sein, eine so komplexe Zieldimension, wie es Diskurs ist, anzusprechen und durchsichtig zu machen.

Die Methode der Gruppendiskussion und -entscheidung kann dann eingesetzt werden, wenn es darum geht, die Reflexion und Entscheidung in bezug auf Normen, Disziplin, Arbeitsweise und -inhalte in der Klasse anzuregen. Diese Methode wird erst als Ergebnis eines längeren Lernprozesses in der Klasse realisiert werden können, in dem wichtige Unterziele zur Erreichung interaktiver Kompetenz bereits aufgebaut wurden. Gruppendiskussion- und -entscheidung stellen bereits Instrumente zur systematischen Problemlösung dar. Die Klasse greift aktuelle Schwierigkeiten auf, wie es z. B. ein Disziplinproblem sein kann. Sie versucht, die Ausgangslage möglichst genau zu umreißen und die Ursachen für die Schwierigkeiten zu analysieren. Sie stellt gemeinsam Zielvorstellungen auf, erarbeitet alternative Lösungswege, trifft eine Entscheidung und kontrolliert die Durchführung der Entscheidung sowie die entsprechenden Effekte. Als letztes und wichtigstes Arbeitsziel sollen im Verlaufe des Kurses spezifische Programme zum Aufbau interaktiver Kompetenz für die Schulklassen entwickelt werden, in denen die beteiligten Lehrer unterrichten. Diese Programme sollen, mit Hilfe des genannten Inventars an Methoden, die definierten Lernziele sukzessiv, unter Berücksichtigung der Analyse der spezifischen Ausgangslage in der Schulklasse in einem Lernprozeß und über eine Folge realistischer Zwischenziele aufbauen. Dazu versuchen wir noch einige Leitvorstellungen anzugeben. Die Methoden müssen in eine Strategie der Modifikation eingebettet und in konkrete Verhaltensmaßnahmen, Übungen, Rollenspiele, Materialien etc. umgesetzt werden. Die zu verwirklichende Strategie des Lehrerverhaltens orientiert sich dabei am Prinzip der verteilten Leitung (vgl. 2.4.3). Dazu sollten zwei Grundbedingungen in der Planung des Programms durch die Arbeitsgruppen im Kurs berücksichtigt werden: Der Frontalunterricht sollte durch zielorientiert eingesetzte flexible Formen der sozialen Gruppierung und der Gruppenarbeit abgelöst werden. Die Kleingruppe (5-8 Personen) hat dabei eine zentrale Bedeutung. Die zweite Grundbedingung ist die systematische Einbeziehung und Berücksichtigung informeller Beziehungen. Durch die Berücksichtigung informeller Beziehungen soll ein stärkerer Bezug zu den Bedürfnissen der Schüler und eine bewußte Heranziehung der peer-group zum Aufbau interaktiver Kompetenz der Schüler bewirkt werden. Es läßt sich kein Standardprogramm entwickeln, vielmehr gehört die Entwicklung eines entsprechenden ‚maßgeschneiderten' Programms zu den pädagogischen Aufgaben des Lehrers, d. h. die Entwicklung und Ausgestaltung ist auf seinen pädagogischen Sachverstand, seine Erfahrung etc. angewiesen. Entscheidend für die Auswahl konkreter Maßnahmen ist die Berücksichtigung des Entwicklungsstandes der Schüler, ihrer Altersstufe, der interindividuellen Differenzen (z. B. schwieriger Schüler) etc.. Unter Berücksichtigung dieser Einwände wollen wir jedoch den Versuch machen, die grobe Struktur eines Programmes zur Entwicklung der interaktiven Kompetenz von Schülern zu skizzieren.

Wir schlagen folgende Sequenz von Schritten vor: Zunächst werden durch Modellverhalten und systematische Bekräftigung bei den Schülern die Verhaltensweisen gefördert, die sich aufgrund systematischer Analyse der Situation und des Verhaltens als am wenigsten ausgeprägt in der gesamten Schulklasse bzw. bei Einzelschülern erweisen, die jedoch von den Lernzielen her postuliert werden müssen. Gleichzeitig sollten die bereits vorhandenen Ansätze interaktiver Kompetenz mit den gleichen Methoden weiter ausgebaut werden.

Anzustrebende Verhaltensweisen sind z. B.: Strukturieren einer gemeinsamen Aufgabe; Ideen und Meinungen frei äußern; Einzelbeiträge der Mitschüler zu einem Diskussionsthema zusammenfassen (Aufgabenbereich) bzw. andere bekräftigen, Gefühle äußern können, außenstehende Gruppenmitglieder ins Gespräch einbeziehen (sozio-emotionaler Bereich).

Einzelaspekte interpersonaler Kompetenz werden, nachdem gewisse Grundlagen geschaffen wurden, durch Rollenspiel und Übungen systematisch aufgebaut. Dafür sind begrenzte Einzelziele zu wählen, z. B. als Voraussetzung für „role-taking“ das Zuhören (andere Aspekte: Meinung äußern können, Fragen stellen können etc.).

Wenn Grundverhaltensweisen im Sinne interaktiver Kompetenz vorhanden sind, so sind die Voraussetzungen zur erfolgreichen Bewältigung weiterer Lernschritte gegeben. Die bis zu diesem Zeitpunkt noch weitgehend vorhandene Zentralisierung auf den Lehrer wird durch allmähliche Einführung von Gruppenarbeit abgebaut. Dies muß durch sorgfältig abgewogene Einführung wachsender Komplexitätsgrade geschehen, die gewährleisten, daß die Schüler keine zu großen Mißerfolge erleben und Gruppenarbeit als ein belohnendes Unterfangen kennenlernen. Denkbar ist ein Beginn mit Partnerarbeit und anschließender sukzessiver Erweiterung der Gruppengröße bei gleichzeitiger Variation der Zeitdauer (zehn Minuten Gruppenarbeit, dann fünfzehn Minuten etc.), der Inhalte und Schwierigkeitsgrade der den Gruppen gestellten Aufgabe. Ist gewährleistet, daß die Schüler in der Lage sind, in Gruppen zusammenzuarbeiten, so werden diesen Gruppen zunehmend Entscheidungen und Funktionen überlassen, die bisher beim Lehrer als Leiter lagen. Damit geht einher der systematische Einsatz von Gruppendiskussion und -entscheidung. Wenn z. B. Schwierigkeiten bei der Zusammenarbeit oder der Disziplin etc. auftauchen, versuchen die Schüler unter (vorläufiger) Hilfe des Lehrers, die auftauchenden Probleme und Konflikte selbständig zu lösen. Sie werden angeleitet, die aufgeführten Schritte des Problemlösens (2.4.2) selbst zu realisieren, d. h. die Situation zu analysieren, Veränderungsnotwendigkeit festzustellen, Zielvorstellungen zu entwickeln, alternative Lösungsmöglichkeiten zu erarbeiten (z. B. mit Hilfe des Rollenspiels), Entscheidungen zu fällen, die Durchführung der Entscheidungen zu kontrollieren und evtl. die Entscheidungen nach vorliegenden Erfahrungen zu korrigieren.

Gruppendiskussion und -entscheidung müssen allmählich, unter wachsendem Ausbau des Entscheidungsbereichs der Schüler erweitert werden. Der Lehrer gibt Hilfe durch Information über Bedingungen der Interaktion und Kommunikation, durch Systematisierung der Problemlöseschritte, Reflexion der getroffenen Entscheidungen unter dem Aspekt der Diskursfähigkeit, Bereitstellung von Materialien etc..

Als Ergebnis seiner Kursarbeit hat jeder teilnehmende Lehrer für sein Fach und die Altersstufe, in der er unterrichtet, ein solches vorläufiges Programm für einen begrenzten Zeitraum (einige Schulstunden) entwickelt. Darüber hinaus kann im Kurs vorbereitet werden, die inhaltlichen und sozialen Lernziele der einzelnen Fach-Curricula zu koordinieren, so daß jedes Fach (Turnen, Kunst, Physik, Deutsch etc.) aus seiner Perspektive eine Ergänzung der jeweilig für die Schulklasse im Vordergrund stehenden Unterziele (etwa: Beobachten können) bietet.

Wie bereits zum ersten Kurs ausgeführt, sollte die eigentliche Arbeit im Kollegium weitergehen. Die Kursteilnehmer müssen mit ihren vorläufigen Programmen Erfahrungen sammeln, die Programme überarbeiten, ausbauen, Informationen und Materialien mit Kollegen austauschen, diskutieren etc.. Alle diese Arbeitsschritte sollten systematisch durch Einzellehrer, Fachgruppen, Interessengruppen und das ganze Kollegium durchgeführt werden. Da der Unterricht in einer Schulklasse zumeist nicht durch einen Lehrer erfolgt, ist es für erfolgreiches Arbeiten erforderlich, daß möglichst alle in der Klasse unterrichtenden Lehrer sich an dem Ziel Diskurs orientieren und ihre Bemühungen koordinieren, d. h. weitgehend zu einem Team werden.

Lehrpläne, Curricula etc. sind systematisch daraufhin zu überprüfen, ob sie den angestrebten Aufbau interaktiver Kompetenz bei Lehrern und Schülern behindern oder fördern, ob sie die entsprechenden Freiräume zur Neudefinition der Lehrer- und Schülerrolle bieten, ob sie inhaltlich zum Aufbau von Diskursfähigkeit beitragen. In der Literatur (Grell 1975[3]) finden sich viele Vorschläge zum sozialen Lernen, die bereits erprobt wurden. Diese Erfahrungen könnten unter der definierten Zielsetzung in einem systematischen Programm zur Entwicklung interaktiver Kompetenz verwertet werden.

3.2.3. Schulorganisatorische Veränderungen

Professionalisierung des Lehrerberufs bedeutet immer doppelte Befähigung: Befähigung zur interaktiven Kompetenz im Umgang mit Schülern und Kollegen und Befähigung zur Gestaltung der schulischen Autonomie. In den beiden zuvor skizzierten Kursen stand der erstgenannte Aspekt im Vordergrund. Die Abhängigkeit interaktiven Verhaltens in der Schulklasse von den in der Organisation Schule vorfindbaren Strukturen wurde jedoch bereits hier für die Kursteilnehmer erkennbar. Im dritten Schritt des von uns vorgeschlagenen Fortbildungsprogrammes sollen die zur Ermöglichung von Diskursfähigkeit notwendigen Veränderungen institutioneller Bedingungen erarbeitet werden.

Dieses Ziel macht deutlich, daß in der Folge der aufeinander aufbauenden Kurse eine zunehmende Erweiterung der Fähigkeit zum diskursiven Handeln von den Teilnehmern erwartet wird. Ging es zunächst für die Lehrer primär darum, das eigene Verhaltensrepertoire zu erweitern, trat im nächsten Schritt die Kompetenz zur Modifikation des Schülerverhaltens hinzu. Hier nun geht es darum, auf der Grundlage erlernter interaktiver Kompetenz Diskurs auszuüben, d. h. die in der Organisation Schule eingespielten Standards zu problematisieren, Konsensus für erforderliche Veränderungen zu erzielen, Strategien für die Durchführung der Veränderung zu entwerfen, um schließlich Handlungsautonomie im Sinne der Definition von Professionalisierung zu praktizieren. Von daher erlangt die Arbeit in diesem Fortbildungsabschnitt eine neue Qualität und erfordert andere Inhalte als die des Trainings und der Vermittlung von Kenntnissen und Methoden in den beiden ersten Kursen.

Strategien zur Beeinflussung schulorganisatorischer Voraussetzungen könnten sich der Methode des sog. Organization Development bedienen, das Lippitt (1969) als die Unterstützung derjenigen menschlichen Prozesse innerhalb von Organisationen charakterisiert, die das Funktionieren des Systems im Hinblick auf seine Zielerreichung verbessern. Bei anderen Autoren wird Organization Development beschrieben als ein kontinuierlicher

Prozeß der geplanten Veränderung unter systematischem und institutionalisiertem Rückgriff auf Methoden und Ergebnisse der Sozialwissenschaften. Als Objekte der Veränderung werden genau die Faktoren genannt, die uns im Falle der Schule beschäftigt haben: Entscheidungskompetenzen und Kommunikationsstrukturen, Konflikte zwischen den demokratischen Zielvorstellungen der Organisationsmitglieder und der bestehenden bürokratischen Struktur (Katz & Kahn 1966). Methodisch geht das Organization Development in zwei Schritten vor, von denen der eine in der Diagnose bestehender Mißstände und Diskrepanzen zur Soll-Lage, der andere in der Intervention in Richtung auf die Zielvorstellungen besteht.

Die Diagnose muß bei der spezifischen Organisationsstruktur der jeweiligen Schule beginnen. Der allgemeine Befund unserer Analysen, daß der Lehrer in einer bürokratischen Organisation arbeitet, daß ihm die Organisationsstrukturen fest vorgegeben und nicht in erster Linie an der Zielsetzung von Schule als einer erzieherischen Institution orientiert sind, sondern am Prinzip der Einheitlichkeit und Normierbarkeit der Verfahrensregeln, müssen präzisiert werden. Dabei muß das geltende Schulgesetz ebenso untersucht werden wie die von der Schule benutzte Hausordnung oder der von ihr praktizierte Konferenzstil. Aus den besonderen Defiziten des Ist-Zustandes müssen Vorstellungen für ein realisierbares Soll-Modell entwickelt werden. Die Reformüberlegungen können sich am Organisationsmodell der human-relations-Schule ebenso ausrichten wie an bereits vorliegenden Veränderungen in einzelnen schulpolitischen Dokumenten oder den systematischen Erörterungen des Deutschen Bildungsrates (1970 und 1973), die alle auf eine stärkere Berücksichtigung der primären Ziele der Organisation und der persönlichen Beziehungen der in der Organisation arbeitenden Mitglieder abzielen. Dabei ist die verstärkte Internalisierung der Organisationsziele – die Befähigung der Schüler zum Diskurs – der Garant dafür, daß sich die neuen Kompetenzen des Lehrers nicht verselbständigen, sondern sich an der den Lehrern gemeinsamen Erziehungsaufgabe gegenüber den Schülern orientieren.

Je nachdem, wo Organisationsstrukturen der Schule die Berufsausübung des Lehrers am meisten erschweren, sind Lösungsversuche anzusetzen. Dabei werden sich die erforderlichen Interventionsmaßnahmen auf sehr verschiedene organisatorische Schwierigkeiten richten: auf Schwierigkeiten, die ausschließlich im Rahmen der Schule selbst liegen, wie Probleme der Kommunikation unter Kollegen oder der Entscheidungsfindung in schulischen Gremien; ferner auf Probleme, die der Schule durch schulpolitische Vorschriften erwachsen, oder auch auf solche, die durch Konflikte der verschiedenen an Schule beteiligten Gruppen entstehen. Wenn beispielsweise die horizontale Kommunikation der Lehrer untereinander verbessert werden soll, könnte man mit der Einrichtung kleiner Arbeitsteams beginnen, die im Rahmen der Fachbereiche gebildet werden. Arbeitsziel von Fachgruppensitzungen könnte die Entwicklung von differenzierten und stufenbezogenen Lernzielen sowie weiterer curricularer Möglichkeiten zum Aufbau interpersonaler Kompetenz im Rahmen des jeweiligen Fachunterrichts sein. Geübt würde dabei Kooperation ebenso wie selbstverantwortliche Entscheidungsfähigkeit, Beteiligung an Entscheidungsprozessen wie Eigeninitiative.

Tauchen Schwierigkeiten in Konferenzsitzungen auf, so könnten über längere Zeit hinweg Beobachtungen und Daten aus solchen Sitzungen gesammelt und diskutiert werden. Ziel könnte eine Beschreibung dessen sein, was Handlungsautonomie im Hinblick auf das Lehrerverhalten und das Selbstverwaltungsrecht der Schule in bezug auf Konferenzen bedeutet. Daran anschließend müßte die kontrollierte, d. h. mit Rückmeldung verbundene Einübung neuer Verhaltensweisen erfolgen. Der Lehrer müßte lernen, sich grundsätzlich als Diskussionsteilnehmer zu verstehen, der eigene Ziele formuliert und argumentativ vertritt, der Position oder Gegenposition verteidigt, um die Meinungsbildung und Entscheidungsfindung aktiv mitzugestalten. Dazu gehört ferner, daß er nach abgeschlossenen Entscheidungsprozessen bereit ist, das mehrheitlich getroffene Votum auch nach außen hin zu verantworten, d. h. es zu vertreten und dafür einzustehen, vor allem aber innerschulisch danach zu handeln. Er muß im Vollzug der Umsetzung von Entscheidungen in Handeln überprüfen, ob der Beschluß praktikabel ist und in der Praxis noch dieselben Prämissen erfüllt wie in der theoretischen Erörterung.

Unseren Analysen zufolge werden sich die meisten Schwierigkeiten durch die institutionalisierten Regeln ergeben, wie sie in den politischen Vorgaben der Schulverfassung und ähnlicher Dokumente enthalten sind. Die geforderte Kompetenz der Lehrer richtet sich dann auf eine Neuformulierung solcher Ordnungsvorstellungen. Es kann nützlich sein, wenn Kollegen selbst über organisationssoziologische und verwaltungswissenschaftliche Kenntnisse verfügen und wenn sie Geschäftsordnungen und Verfahrensfragen beherrschen. Aber derartige Fachkenntnisse können notfalls auch über externen Sachverstand herangeholt werden, nicht aber die pädagogische Kompetenz, die die Zielrichtung solcher schulischen Ordnungen festlegen und damit gewährleisten muß, daß die Konzeption den Besonderheiten der gegebenen Schule Rechnung trägt. Diese schulspezifische Komponente kann nur aus der Arbeit in der jeweiligen Schule mit den jeweiligen Kollegen und der Schülerschaft erwachsen. Ausgerichtet werden muß eine Schulverfassung an der Maxime, daß sie die erzieherische Aufgabe, bei den Schülern Diskurstüchtigkeit aufzubauen, ermöglicht oder erleichtert ebenso wie die Zusammenarbeit mit den Kollegen auf der Basis demokratischer Verhaltensweisen. Es ist unnötig, eine solche Modellverfassung hier neu zu konstruieren, da es an verschiedenen Schulen inzwischen Versuche mit der Planung und Erprobung demokratischer Schulverfassungen gibt. (Entwurf . . . 1970; Preuss-Lausitz 1971; Kell 1973). Deren entscheidende Neuerungen beziehen sich durchweg auf den pädagogischen Kompetenzzuwachs der Konferenz als Beschluß- und Entscheidungsorgan der Lehrerschaft in pädagogischen Angelegenheiten mit bindendem Charakter für die Leitung, auf die veränderte Stellung der Schulleitung als teilweise wählbar und zeitlich befristet sowie auf die Partizipation der Eltern und Schüler als wichtigen an Schule beteiligten Gruppen.

Wenn man an den Komplex der schulischen Hausordnung denkt, der ebenfalls in die Kompetenz der Lehrerschaft gestellt ist, so sind auch auf diesem Gebiet Versuche im Gange, bei denen die Beteiligung aller betroffenen Gruppen im Vordergrund steht. Sie sind durch das Bemühen gekennzeichnet, Ordnungsmaßnahmen, die aus Sicherungs- und Haftungsgründen unvermeidlich sind, so zu formulieren, daß möglichst wenig Handlungsfreiräume von Schülern und Lehrern beschnitten werden. Was an gemeinsamen Verkehrsformen erforderlich ist, muß sich unter dem Ziel der interaktiven Kompetenz verantworten können.

Liegen mögliche Behinderungen der schulischen Arbeit eher im Bereich von Rollenkonflikten zwischen den verschiedenen an Schule beteiligten Gruppen, so werden wieder andere Interventionsmaßnahmen zu überlegen sein. Man könnte dann z. B. Intergruppensitzungen erproben – Lehrer/Eltern oder Lehrer/Schulaufsicht – mit dem Ziel, Mißverständnisse zu bereinigen, die Interessenkonflikte auszutragen, vor allem aber über gemeinsamen Diskurs zu einer Einigung über Zielvorstellungen und den zu ihrer Erreichung angemessenen Maßnahmen zu gelangen.

Sobald die Schule oder auch nur einzelne Lehrer Möglichkeiten haben, mit Instituten einer Hochschule o. ä. zusammenzuarbeiten, sind zahlreiche weitere Interventionsstrategien denkbar. Man könnte beispielsweise das Unterrichtsverhalten verschieden arbeitender Lehrer vergleichen und dessen Auswirkungen auf die Entwicklung sozialer Verhaltensweisen der Schüler beobachten. Man könnte damit die Erfolge von Fortbildungsmaßnahmen überprüfen, wenn Lehrer mit Training interaktiver Kompetenz verglichen werden mit Lehrern, die gruppenpädagogisch arbeiten, aber nicht speziell geschult sind, und solchen, die Frontalunterricht durchführen. Weder für die Diagnose noch für die Intervention, das wird im Laufe der Überlegungen deutlich geworden sein, können allgemeingültige Rezepte formuliert werden, weil jede Schule hier ihre eigenen Maßnahmen entwickeln muß, um ihren besonderen Gegebenheiten in personeller, räumlicher, fachlicher o. a. Hinsicht entsprechen zu können. Leitend muß die Zielvorstellung sein, wie Maßnahmen auf der Ebene der Organisation Schule den Handlungsspielraum für Lehrer und Schüler vergrößern, wie sie Möglichkeiten zum Diskurs verbessern können. Diskurs ist damit nicht nur die einzige und letzte Legitimationsbasis für Lernzielentscheidungen, sondern auch der entscheidende Prüfstein für den Wert schulorganisatorischer Veränderungen.

Die Ansatzpunkte für eine Veränderung der Schule als Organisation sind so vielfältig wie die Probleme, die sich aus ihrer in der Analyse aufgezeigten Struktur ergeben. Organisationsveränderungen und interaktive Kompetenz hängen aufs engste miteinander zusammen. Die erfolgreiche Realisierung von Maßnahmen in einem Bereich verlangt Veränderungen in allen anderen Bereichen. Der inhaltliche Schwerpunkt bei unserer Analyse und unseren Maßnahmen lag auf den Aspekten der Organisation und Interaktion. Wir haben bereits in der Einleitung zu erkennen gegeben, daß damit keine vollständige Analyse der Schule zu erreichen ist. Im letzten Abschnitt wollen wir daher versuchen, einige Gesichtspunkte aufzuzeigen, die bei dem Versuch, die Analyse abzurunden, berücksichtigt werden müssen und die die hier vorgeschlagenen Maßnahmen ergänzen.

3.3. Curriculare Veränderungen (Ausblick)

Die Abfolge der drei beschriebenen Programmschritte im Rahmen der Lehrerfortbildung führt nicht zwangsläufig zur Veränderung der Schulwirklichkeit. Im Zusammenhang mit den von den Lehrern gemachten Erfahrungen müssen ständig Revisionen der Kursarbeit vorgenommen werden. Sie sollen helfen, die Zielvorstellungen der Lehrer zu konkretisieren, ein methodisches Rüstzeug bereitzustellen und die Solidarität im Kollegium zur Durchführung gezielter, auf Diskurs gerichteter Maßnahmen aufzubauen. Das kann nur ein Anfangspunkt sein, der durch die systematische Arbeit der professionellen Lehrer im Schulalltag fortgeführt werden muß. Man kann nach der Wichtigkeit des hier gewählten Ansatzes fragen, d. h. danach, welche Bedeutung der Aufbau diskursorientierten interaktiven Verhaltens überhaupt haben kann und soll. Es könnte nämlich die Gefahr gesehen werden, daß Erreichung von

Diskursfähigkeit als Ziel die Wichtigkeit von verwertbarem Wissen, von Kenntnissen und inhaltsbezogener Leistung herabmindert. Wir meinen, daß eine solche Perspektive, die eine Trennung von sozialen und inhaltlichen Lernzielen impliziert, falsch ist. Beide Aspekte lassen sich nicht grundsätzlich voneinander trennen. Jedes schulische Lernen ist soziales Lernen, Lernen in einem sozialen Umfeld und Lernen *sozialen Verhaltens.* Daher müssen wir davon ausgehen, daß die Verfolgung inhaltlicher Lernziele und die Durchführung fachspezifischer Curricula immer zugleich Konsequenzen für die sozialen Verhaltensweisen von Lehrern und Schülern einschließt, die jedoch zumeist nicht bewußt gemacht werden und daher unkontrolliert bleiben. Die weitgehende Verbannung sozialen Verhaltens in den curricularen Untergrund birgt die Gefahr, daß unkontrolliert Verhaltensmuster aufgebaut oder perpetuiert werden, die der Funktion der Schule in einer demokratischen Gesellschaft entgegenlaufen. Das wäre besonders dann der Fall, wenn die Sozialisationsinstanz Schule zu Verhaltensmustern führt, deren Struktur sich als autoritär oder auch anarchistisch kennzeichnen läßt.

Der Versuch, ein Modell für die zur Erreichung der Diskursfähigkeit benötigte interaktive Kompetenz zu formulieren, soll demgegenüber dazu beitragen, eine gesteuerte und bewußte Sozialisation in diesem Bereich zu ermöglichen. Dazu gehört als wichtigste Ergänzung auf der fachlichen Ebene, daß bestehende Lernmaterialien auf ihren Beitrag zur Förderung von Diskursfähigkeit hin überprüft werden, daß bestehende Lernzielformulierungen ergänzt und ganze Unterrichtseinheiten oder Curricula revidiert werden. Wer als Lehrer damit ernst macht, daß er Diskursfähigkeit als Lernziel für die Schüler, die Kollegen und sich selbst anzustreben versucht, wird bald merken, daß die Veränderung organisatorischer Strukturen und die Neugestaltung der Interaktionsverhältnisse nur erst ein Teil – wenn auch ein sehr gewichtiger – dieses Erziehungskonzeptes und seiner Verwirklichung sind; denn Unterricht geschieht immer an und mit Inhalten. Dabei ist es gleichgültig, ob die wirtschaftsgeographischen Probleme des Nahen Ostens behandelt werden oder die Beziehungsverhältnisse einer Gruppe ‚metakommunikativ' reflektiert werden. Wichtig ist nur, daß das Erziehungsziel Diskursfähigkeit in seiner Eigenschaft als Legitimationsbasis für Lernzielentscheidungen, wie wir es in der Definition von Mollenhauer übernommen haben, erkannt ist, d. h. als das substantiierende Moment jedes Curriculums, jeder Unterrichtseinheit mit ihren fach- und altersspezifisch wechselnden Lernzielen. Da es inzwischen Gemeingut geworden ist, daß es keine Deduktionsketten von den allgemeinen Lernzielen bis hin zu den einzelnen Unterrichtseinheiten gibt, d. h. daß man von bestimmten Lernzielen aus nicht ohne weiteres auf bestimmte Inhalte schließen kann, kommt der Erprobung von Curricula im Unterricht eine ganz besondere Bedeutung zu. Nur der Lehrer selbst kann im Vollzug einer Lerneinheit im Unterricht prüfen, ob das ihm angebotene Material die Kommunikation zwischen Lehrer und Schüler fördert oder behindert, ob es ihm Gelegenheit bietet, seine eigenen Entscheidungsfreiräume zu vergrößern, oder ob es diese einengt, ob es schließlich geeignet ist, das angestrebte Erziehungsziel der Diskursfähigkeit verwirklichen zu helfen.

Soweit Unterrichtsfächer wie die sprachlichen ihre Bezugswissenschaften auch in den sozialwissenschaftlichen Disziplinen (z. B. Kommunikationstheorie, Pragmalinguistik) haben, gibt es bereits Ansätze, Unterrichtsbeispiele und ganze Unterrichtsreihen, in denen der sog. Fachunterricht auf das übergeordnete schulische Lernziel Diskursfähigkeit hinorientiert wird (z. B. Heringer 1974, Phiepho 1974). Welch radikales Umdenken dafür erforderlich sein kann, soll an einigen Problemen des modernen Englischunterrichts erläutert werden (Lohmann 1975), weil gerade dieses Fach sich grundlegender Umgestaltungen mit dem Hinweis auf seinen Ausnahmecharakter erfolgreich entzieht. Englischlehrer vergleichen ihr Fach lieber mit der Mathematik als mit den zugehörigen sprachlichen und sozialkundlichen Disziplinen, weil es als Lehrgangs- und Leistungsfach nicht unter die Forderungen der übergeordneten Lernziele der Schule gestellt werden könne. Es sei in den Inhalten qua Lehrgangsabfolge wenig flexibel und übe deshalb über die

Lernschrittsequenzen und Erfolgskontrollen Zwänge und Restriktionen aus, die dem Lernziel Diskurs zuwiderlaufen. Lehrgangscharakter des Faches bedeutet im allgemeinen, daß im Mittelpunkt des Unterrichts Lehr- und Lernmedien stehen, deren Kurse nach grammatischen und linguistischen Progressionen aufgebaut sind. Lehrgangscharakter des Faches bedeutet weiterhin, daß das generationsmäßige und institutionelle Übergewicht des Lehrers durch den fachlichen Vorsprung als endgültig festgelegt gilt, so daß die ungeteilte Leitung in der Interaktion mit der Klasse als selbstverständlich, geradezu als eine didaktische Konsequenz aus Sachzwang heraus angesehen wird.

Ein kommunikativ orientiertes Curriculum wird auf beiden Ebenen Änderungen durchzuführen versuchen, auf der Ebene der sprachlichen Vermittlung ebenso wie auf der des sozialen Umgangs. Schüler werden nach wie vor über linguistische Mittel verfügen müssen, über Mittel der Aussprache, Syntax, Idiomatik usw.. Aber diese Mittel müssen von Anfang an kommunikativ, d. h. den Funktionen einer realen Sprechsituation gemäß verwendet werden, weil Kommunikation nur durch Kommunikation geübt werden kann. Es ist ein großer Unterschied, ob Schüler linguistisch korrekte, aber kommunikativ sinnarme Sätze bilden lernen, oder ob sie lernen, mit bestimmten Äußerungen in einem gesellschaftlichen Kontext bei bestimmten Kommunikationspartnern etwas zu erreichen oder zu veranlassen. Das Thema der Unterrichtsstunde heißt dann nicht mehr ‚Einübung von what-Fragen', sondern beispielsweise ‚Asking back' (What did you say? What do you want?), nicht mehr ‚Behandlung des present perfect' (He has been . .), sondern ‚jemand vorstellen können' (Here's Mr. X. He's been . .). Wenn der Schüler befähigt werden soll, seine linguistischen Fertigkeiten in den Dienst kommunikativer Prozesse zu stellen, dann muß er zu jedem Thema die sprachlichen Mittel für eine Beteiligung am Gespräch über diesen Gegenstand mitgeliefert bekommen. In dem Augenblick, wo der Lehrer dieser Forderung genügt, wird der unmittelbare Zusammenhang von sprachlicher und sozialer Ebene deutlich. Sobald der Lehrer Sprachmaterial für die jeweiligen kommunikativen Bedürfnisse zur Verfügung stellt und sie nicht mehr im Zuge einer starren Progression quasi als Belohnung erst für bestimmte Lernfortschritte freigibt, mindert er die Gefahr einseitig bestimmter Interaktionen und gibt den Schülern – auch im englischen Anfangsunterricht – Chancen, mit der Artikulation von Meinungen, Wünschen und Kritik das Unterrichtsgeschehen in bezug auf Personen (Lehrer und Mitschüler) und Themen mitzugestalten.

3.4. Schluß

Mit den dargestellten Kursen und Interventionsmaßnahmen sowie dem Ausblick auf curriculare Veränderungen haben wir versucht, Möglichkeiten aufzuzeigen, die auf den Aufbau der beiden Grundkomponenten der Professionalisierung abzielen: die interaktive Kompetenz im Klassenzimmer und im Umgang mit Kollegen sowie die Handlungsautonomie im außerunterrichtlichen Bereich der Organisation Schule. Wenn wir auch das Fortbildungsprogramm in drei inhaltliche Schwerpunkte aufgegliedert haben, so muß doch deutlich betont werden, daß alle diese Bereiche aufeinander abgestimmt und gleichzeitig im Rahmen eines fortlaufenden Lernprozesses der Beteiligten ausgebaut werden müssen. Die vorrangige Behandlung der interaktiven Kompetenz des Lehrers als Voraussetzung für die Schaffung von Diskurschancen für die Schüler heißt nicht, daß wir eine Blickbeschränkung des Lehrers auf den unterrichtlichen Umgang mit den Schülern fördern wollen. Diskursfähigkeit hat vielmehr per definitionem eine Dimension des politischen Handelns, da sie zur Problematisierung von Normen, Sozialzwängen und -strukturen sowie ihrer sinnvollen Veränderung auffordert.

Wer an den beschriebenen Trainingskursen teilgenommen hat, wird die weitergehende Aufgabe der Veränderung oder Neufassung institutioneller Regeln sehen; denn die Forderung nach Aufbau von Problemlösefähigkeit bei Lehrern und Schülern bedeutet, daß ihnen institutionell die Möglichkeit eingeräumt wird, Rollendistanz zu üben, zielorientierte und begründbare Entscheidungen zu fällen sowie Alternativen des Verhaltens zu erproben.

Aus unseren Überlegungen über die Ursachen der mangelnden Professionalisierung des Lehrerberufs ergibt sich zunächst zwingend die Notwendigkeit der Revision von Lehrerausbildung. Die Neubestimmung der Berufsaufgaben des Lehrers in der Organisation Schule zusammen mit der Neubestimmung seiner Rolle in der Schulklasse muß zwangsläufig Auswirkungen auf die Ausbildungsziele und -bereiche des Lehrerstudiums haben. Dabei ist es zunächst sogar belanglos, ob der Lehrer durch sein Verhalten erst dazu beitragen muß, daß die Organisationsstrukturen verändert werden, oder ob er in bereits veränderte Strukturen hineingestellt wird, die er inhaltlich und innerlich ausfüllen können muß; denn alle Pläne und Modelle, die zur Reform der organisatorischen Schulstruktur vorliegen, sind wenig wert, wenn ihre Ansprüche das Vermögen des herkömmlich ausgebildeten Lehrers übersteigen.

Was nach unseren Vorstellungen eines professionalisierten Lehrerverhaltens in der Lehrerbildung fest verankert werden muß, sind konkrete Trainingsmöglichkeiten interaktiver Kompetenz, die Vermittlung interaktions- und kommunikationswissenschaftlicher Theorien, der Ergebnisse der Organisationssoziologie und Bürokratieforschung einschließlich des entsprechenden Methodeninventars zur Veränderung und Intervention. Aufgrund der Verquickung der Interaktions- und Organisationsaspekte mit Problemen des Unterrichts wäre es ungünstig, diese Fragestellungen isoliert in Einzelveranstaltungen in das Studium einzubringen. Sie sollten vielmehr kontinuierlich und im Zusammenhang mit fachwissenschaftlichen und fachdidaktischen Problemen behandelt werden. Dabei sollte von vornherein eine theoriegeleitete kontrollierte Praxis als Erprobungsfeld gegeben sein. Für die wechselseitige Durchdringung von Theorie und Praxis empfiehlt sich – besonders als Einstieg – die Beobachtung und Analyse von konkretem Unterrichtsverhalten (Lehrer/Schüler). Die gewonnenen Daten müssen systematisch in Bezug gesetzt werden zu theoretischen und explizit formulierten (fachspezifischen und fachübergreifenden) Zielvorstellungen, die sich auf das übergeordnete Ziel ‚Diskurs' ausrichten. Zur Einübung wären auch schrittweise eingeführte Ernsterprobungen von diskursorientierten Maßnahmen im konkreten Unterrichtsvollzug notwendig. In der Kooperation von Studenten und Lehrern könnten wissenschaftliche Projekte im Sinne der Aktionsforschung erarbeitet und durchgeführt werden, die beispielsweise Ist-Soll-Differenzen zu überwinden versuchen und zusätzliche Informationen bzw. Hinweise auf Veränderungsmöglichkeiten bieten. Vor allem müssen die Ergebnisse der selbständig durchgeführten, aber angeleiteten Berufsarbeit systematisch in Ausbildungsveranstaltungen zum Studium rückgekoppelt werden. Insgesamt muß darauf hingearbeitet werden, daß die Erstausbildung zu dem entscheidenden Anstoß einer stetigen Weiterausbildung wird. Der angehende und ausgebildete Lehrer muß motiviert werden, in Kooperation mit Kollegen, Schülern, Eltern etc. immer neue Schritte des Problemlösens in der Schule zu überlegen und zu verwirklichen. Bei vielen Problemlöseversuchen wird man immer wieder auf die Grenzen stoßen, die durch die Stellung der Schule im gesellschaftlichen Bezugsrahmen gegeben sind. Hier reichen Maßnahmen – z. B. im Zusammenhang mit einer neuformulierten Schulordnung oder einem Schulverfassungsentwurf – bis in das Kräftespiel machtpolitischer Gruppierungen. Interventionen auf diesem Gebiet verlangen deshalb zusätzliche Strategien. Dazu gehören z. B. gezielte Öffentlichkeitsarbeit, Elternaufklärung, Durchführung von Schulversuchen, Organisation von Schule nach Modellen kollegialer Schulleitung, Einrichtung von Forschungsprojekten zur Analyse und Evaluation von sozialem Lernen u. a. m..

Nach unserem Verständnis von Diskursfähigkeit als Fähigkeit zu rationaler Sinnverständigung und autonomem Handeln stehen aber auch diese möglichen Programme zur politischen Intervention unter dem dargelegten Erziehungsziel und müssen sich in Inhalt und Verfahren entsprechend legitimieren können.

Literaturverzeichnis

Anderson, R. C., Learning in discussions: A resume of the authoritarian-democratic studies. In: *Readings in the social psychology of education*, hrsg. von W. W. Charters; N. L. Gage, Boston 1963, S. 153–161

Argyle, M., *Soziale Interaktion*, Köln 1972

Badura, B., *Sprachbarrieren*: zur Soziologie der Kommunikation, Stuttgart 1971

Bales, R. F., *Interaction Process Analysis*, Cambridge, Mass., 1950

Bandura, A., *Principles of behavior modification*, London 1969

Bavelas, A., „Communicative patterns in task-oriented groups". *Journal of the Acoustical Society of America*, 22 (1950), S. 725–730

Becker, H., Die verwaltete Schule. In: *Kulturpolitik und Schule*, Stuttgart 1956, S. 33–70

Becker, H., Reform der Bildungsverwaltung. In: *Bildungsforschung und Bildungsplanung*, 2. Aufl., Frankfurt 1971, S. 88–146

Biddle, B. J.; Ellena, W. J. (Eds.), *Contemporary research on teacher effectiveness*, N. Y. 1964

Biddle, B. J.; Rosencranz, H. A.; Rankin, F. F., *Studies in the role of the public school teacher*, Bd. 2, Columbia, Miss.: Social psychology laboratory 1964

Bidwell, C. E., The school as a formal organization. In: *Handbook of organizations*, hrsg. von J. G. March, Chicago 1965, S. 972–1022

Blau, P. M., Die Dynamik bürokratischer Strukturen. In: *Bürokratische Organisation*, hrsg. von R. Mayntz, Köln, Berlin 1968, S. 310–323

Bradford, L. P., Gibb, J. R.; Benne, K. D. (Eds.), *T-group theory and laboratory method*, N. Y. 1967

Brophy, J. E.; Good, T. L., „Teachers' communication of differential expectations for children's classroom performance", *Journal of Educational Psychology*, 61 (1970), S. 365–374

Buswell, M. M., „The relationship between the social structure of the classroom and the academic success of the pupils". *J. exp. Educ.*, 22 (1953), S. 37–52

Chomsky, N., *Sprache und Geist*, Frankfurt 1970

Cline, V. B., „Interpersonal perception". *Progress in experimental personality research*, (1964) 1, S. 221–284

Collins, B. E.; Guetzkow, H., *A social psychology of group processes for decision-making*, 3. Aufl., N. Y. 1966

Collins, B. E.; Raven, B. H., Group structure: Attraction, coalitions, communications, and power. In: *The handbook of social psychology, Bd. IV*, hrsg. von G. Lindzey; E. Aronson, Reading, Mass. 1969, S. 102–204

Combe, A., *Kritik der Lehrerrolle*-Gesellschaftliche Voraussetzungen und soziale Folgen des Lehrerbewußtseins, München 1971

Cooley, C. H., *Human nature and the social order*, N. Y. 1902

Cooper, C. L.; Mangham, I. L., *T-groups*, survey of research, N. Y. 1971

Deutsch, M., „The effect of motivational orientation upon trust and suspicion". *Hum. Relat.*, 19 (1960), S. 121–139

Deutsch, M., The effects of cooperation and competition upon group process. In: *Group dynamics*: research and theory, hrsg. von D. Cartwright, A. Zander, 2. Aufl., Evanston, Ill., 1960, S. 414–448

Deutscher Bildungsrat, Empfehlungen der Bildungskommission

– *Einrichtung von Schulversuchen mit Gesamtschulen*, Stuttgart 1969

– *Strukturplan für das Bildungswesen*, Stuttgart 1970

– *Zur Reform von Organisation und Verwaltung im Bildungswesen*, Teil I, Verstärkte Selbständigkeit der Schule und Partizipation der Lehrer, Schüler und Eltern, Stuttgart 1973

Dietrich, G., *Bildungswirkungen des Gruppenunterrichts*, München 1969

Döring, K. W., *Lehrerverhalten und Lehrerberuf*, 3. Aufl., Weinheim 1972

Döring, K. W., Professionalisierung pädagogischer Berufe. In: *Pädagogik aktuell*, hrsg. von G. Wehle, Bd. 1, München 1973, S. 146–149

Elashoff, J. D.; Snow, R. E., *Pygmalion auf dem Prüfstand*, München 1972

Ellwein, Th., „Die verwaltete Schule". *Das Argument*, 6 (1964), 4, S. 209–220

– *Entwurf einer Schulverfassung für die Ernst-Reuter-Schule* (Frankfurt/Nordweststadt)". *Gesamtschulen Informationsdienst,* 3 (1970) 3 3, S. 61–81

Etzioni, A., *Soziologie der Organisation,* 3. Aufl., München 1971

Feldhoff, J., „Schule und soziale Selektion". *Die Dt. Schule*, 61 (1969), S. 676–689

Feldmann, K.; Newcomb, T. M., *Impact of college on students*. San Francisco 1969

Fend, H., Schulorganisation als Makroorganisation von Lernprozessen. In: *Didaktische Impulse*. Studientexte zur Analyse von

Unterricht, hrsg. von R. Messmer, H. Rumpf, Wien 1971, S. 197–237
Festinger, L., *A theory of cognitive dissonance*, N. Y. 1957
Fiedler, F. E., *A theory of leadership effectiveness,* N. Y. 1967
Flanders, N. A., Teacher-pupil contacts and mental hygiene. *J. soc. Issues*, 15 (1959), S. 30–39
Foote, N.; Cottrell, L. S., Jr., *Identity and interpersonal competence*, Chicago 1955
French, J. R. P.; Raven, B. H., The bases of social power. In: *Studies in social power,* hrsg. von D. Cartwright, Ann Arbor 1959, S. 118–144
Fürstenau, P., Neuere Entwicklung der Bürokratieforschung und das Schulwesen. In: *Zur Theorie der Schule*, hrsg. von C.-L. Furck, Weinheim 1969, S. 9–25
Gage, N. L.; Leavitt, G. S.; Stone, G. C., „The intermediary key in the analysis of interpersonal perception". *Psychol. Bull.*, 53 (1956), S. 258–266
Gage, N. L.; Runkel, P. J.; Chatterjee, B. B., Changing teacher behavior through feedback from pupils. In: *Social Encounters*, hrsg. von M. Argyle, 1973, S. 371–382
Getzels, J. W., A social psychology of education. In: *The handbook of social psychology*, hrsg. von G. Lindzey; E. Aronson, Reading, Mass., 2. Aufl., Bd. V, S. 459–537
Goffman, E., *The presentation of self in everyday life*, N.Y. 1959 – dt. Wir alle spielen Theater, München 1969
Gordon, C. W., Die Schulklasse als ein soziales System, *Kölner Zt. f. Soziologie und Sozialpsychologie*, Sonderheft 4, Soziologie der Schule (1965), S. 131–160
Gouldner, A. W.; Newcomb, E. R., Eine Untersuchung über administrative Rollen. In: *Bürokratische Organisation*, hrsg. von R. Mayntz, Köln, Berlin 1968, S. 239–248
Graumann, C. F., Interaktion und Kommunikation. In: *Handbuch der Psychologie*, Bd. 7, 2. Halb-Bd., Göttingen 1972, S. 1109–1262
Graumann, C. F., Die Klasse als Gruppe. In: *Pädagogische Psychologie,* Bd. 1, hrsg. von F. E. Weinert, C. F. Graumann, H. Heckhausen, M. Hofer, Frankfurt 1974, S. 473–494
Grell, J., *Techniken des Lehrerverhaltens* 3. Aufl., Weinheim 1975
Gronlund, N. E., *Sociometry in the classroom*, N. Y. 1959
Groothoff, H.-H., *Funktion und Rolle des Erziehers*, München 1972
Habermas, J., Vorbereitende Bemerkungen zu einer Theorie der kommunikativen Kompetenz. In: *Theorie der Gesellschaft oder Sozialtechnologie*, hrsg. von J. Habermas; N. Luhmann, Frankfurt 1971, S. 101–141

Hammond, L. K.; Goldman, M., „Competition and non-competitior and its relationship to individual and group productivity", *Sociometry*, 24 (1961), S. 46–60
Hare, A. P., *Handbook of small group research*, Glencoe, I11, 1962
Hargreaves, D. H., *Interpersonal relations in education,* London 1972
Heckel, H., „Rechtliche Bindung und pädagogische Freiheit des Lehrers". *Die Dt. Schule*, (1966), S. 398–406
Heckel, H., „Schulverwaltung im Zeichen der Bildungsreform-Wirklichkeit und Möglichkeiten". *Recht der Jugend und des Bildungswesens,* 22 (1974) 1/2, S. 29–33
Heckel, H.; Seipp, P., *Schulrechtskunde*. Ein Handbuch für Lehrer, Eltern und Schulverwaltung. Ein Studienbuch für die Lehrerbildung. 4. Aufl., Berlin, Neuwied, Darmstadt 1969
Heckhausen, H., *Lehrer 1980*. Lehrerbildung für die künftige Schule, Düsseldorf 1970
Heckhausen, H., Motive und ihre Entstehung. In: *Pädagogische Psychologie,* Bd. 1, hrsg. von F. E. Weinert, C. F. Graumann, H. Heckenhausen, M. Hofer, Frankfurt 1974, S. 133–172
Heckhausen, H., Lehrer-Schüler Interaktion, In: *Pädagogische Psychologie,* Bd. 1, hrsg. von F. E. Weinert, C. F. Graumann, H. Heckhausen, M. Hofer, Frankfurt 1974 S. 547–574
Heider, F., *The psychology of interpersonal relations*, N. Y. 1958
Heringer, H. J., „Kommunikativer Unterricht. Ein Programm". *Linguistik und Didaktik*, 5 (1974) 19, S. 194–212
Hofstätter, P. R., *Gruppendynamik*. Kritik der Massenpsychologie. Hamburg 1957
Homans, G. C., *The human group,* N. Y. 1950.
Irle, M., *Soziale Systeme*, Göttingen 1963
Jackson, Ph W., *Life in classrooms*, N. Y. 1968
Jennings, H. H., „Leadership and sociometric choice". *Sociometry,* 10 (1947), S. 32–39
Jensen, G. E., „The social structure of the classroom group: an observational framework". *J. educ. Psychol.,* 46 (1955), S. 362–374
Katz, F., „The school as a complex social organization". *Harvard Educ. Review,* 3 (1964), S. 428–455
Katz, D.; Kahn, R. L., The social psychology of organizations. N. Y. 1966
Kell, A. (Hrsg.), *Schulverfassung*: Thesen, Konzeptionen, Entwürfe, München 1973
Kelman, H. C., „Processes of opinion change". *Pub. Opin. Quart.*, 25 (1961), S. 57–78

Konferenzordnungen:
- Berlin: Ausführungsvorschriften betr. Lehrerkonferenzen und Schulleitung der öffentl. Grund-, Ober- und Sonderschulen (Konferenzordnung) vom 17. 4. 1968, Amtsblatt S. 597
- Hessen: Allg. Konferenzordnung vom 9. 10. 1972, Amtsblatt des Hessischen Kultusministers, Amtsblatt Nr. 11 (1972)
- Nordrhein-Westfalen: Allg. Konferenzordnung, Runderlaß des Kultusministers vom 19. 10. 1969–IB 1.30–11/20 Nr. 2872/69
- Schleswig-Holstein: Landesverordnung über Konferenzen an den öffentlichen Schulen (Konferenzordnung) vom September 1971, Gesetz- und Verordnungsblatt für Schleswig-Holstein 1971, Nr. 23

Kramp, W., *Studien zur Theorie der Schule*, München 1973

Krüger, H., Professionalisierung und Innovation in pädagogischen Berufen. In: *Erzieher ohne Status?*, hrsg. von H. Lüdtke, Heidelberg 1973, S. 110–130

Laing, R. D.; Phillipson, H.; Lee, A. R., *Interpersonelle Wahrnehmung*, Frankfurt 1971

Leavitt, H. J., „Some effects of certain communication patterns on group performance". *J. abnorm. soc. Psychol*, 46 (1951), S. 38–50

Lewin, K.; Lippitt, R.; White, R. K., „Patterns of aggressive behavior in experimentally created social climates". *J. soc. Psychol.*, 10 (1939), S. 271–299

Liebhart, E.H., Sozialisation im Beruf. In: *Erzieher ohne Status?*, hrsg. von H. Lüdtke, Heidelberg 1973, S. 52–76

Lippitt, G. L., *Organization Renewal*, N. Y. 1969

Litwak, E., Drei alternative Bürokratiemodelle. In: *Bürokratische Organisation*, hrsg. von R. Mayntz, Köln, Berlin 1968, S. 117–126

Lohmann, Ch., „Lernschwierigkeiten". *Die Dt. Schule,* 66 (1974) 3, S. 207–222

Lohmann, Ch., „Überlegungen zur kommunikativen Kompetenz im Englischunterricht", *Die Neueren Sprachen*, (1975) 1, S. 18–29

Lorenz, W.; Paul, G., „Die Schulbürokratie und die Deformation der Lehrerrolle". *Westermanns Päd. Beitr.*, 9 (1972), S. 497–506

Lüdtke, H. (Hrsg.), *Erzieher ohne Status?* Beiträge zum Problem der strukturellen Unsicherheit in pädagogischen Berufen, Heidelberg 1973

Lüdtke, H., Der Lehrer als Bezugsperson. Eine Analyse der Einstellungen Jugendlicher zu ihren Lehrern. In: *Erzieher ohne Status?*, hrsg. von H. Lüdtke, Heidelberg 1973, S. 39–51

Luhmann, N., „Gesellschaftliche Organisationen". In: *Erziehungswissenschaftliches Handbuch*, Bd. 1, hrsg. von Th. Ellwein; H.-H. Groothoff, Berlin 1969, S. 387–407

Mayntz, R., *Soziologie der Organisation*, Hamburg 1963

McIntyre, D.; Morrison, A.; Sutherland, J., „Social and educational variables relating to teacher's assessments of primary school pupils". *British Journal of Educational Psychology*, 36 (1966), S. 272–279

McKeachie, W. J., „Student affiliation motive, teacher warmth, and academic achievement". *J. Pers. Soc. Psychol.*, 4 (1966), S. 457–61

Mead, G. H., *Geist, Identität, Gesellschaft*, Frankfurt 1968

Miller, G. A.; Galanter, E. A.; Pribram, K. H., *Plans and the structure of behavior*, N. Y. 1960

Mischel, W., „Toward a cognitive social learning reconceptualization of personality". *Psychol. Review*, 80(1973), S. 252–283

Mollenhauer, K., *Theorien zum Erziehungsprozess*, München 1972

Müller, C. W., Die Stellung des Schülers an unseren Schulen. In: *Zur Theorie der Schule*, hrsg. von C.-L. Furck, Weinheim 1969, S. 67–90

Oppermann, Th., *Kulturverwaltungsrecht*, Tübingen 1969

Peter,H.-U., *Die Schule als soziale Organisation* , Weinheim 1973

Peters, O., Soziale Interaktion in der Schulklasse. In: *Lehrer und soziale Interaktion in der Unterrichtsforschung*, hrsg. von G. Pause; O. Peters, Weinheim 1973

Piepho, H.-E., *Kommunikative Kompetenz als übergeordnetes Lernziel im Englischunterricht*, Dornburg-Frickhofen 1974

Polansky, L., „Group social climate and the teacher's supportiveness of group status systems". *J. educ. sociol.*, 28 (1954), S. 115–123

Posch, P., *Der Lehrermangel*,Weinheim, Berlin 1967

Preuss-Lausitz, U., „Umfrage über Schulverfassungen integrierter Gesamtschulen". *Gesamtschul- Informationen*, PZ Berlin, 4 (1971) 2, S. 44–47

Prose, F., „Gruppendynamisches Training für Lehrer an Gesamtschulen". *Gruppendynamik*, 3 (1972) 3, S. 275–296

Prose, F., „Abgelehnte und Unbeachtete: Zur Differenzierung von Außenseitern in Gruppen". *Zt. f. Sozialpsychologie*, 5 (1974) 1, S.30–47

Rappaport, J., Gross, T., Lepper, C., „Modeling, Sensitivity training and instruction. Implications for the training of college student volunteers and for outcome research". *J. of Consulting and Clinical Psychology*, 40 (1973),S. 99–107

Reichwein, R.; Frech, H.W., „Lehrerbildung: Verführung zur Anpassung oder Befähigung zur Innovation". *betrifft: erziehung*, (1971) 12, S. 19–32

Reinhardt, S., *Zum Professionalisierungsprozess des Lehrers.* Überlegungen zur Lehrer-Schüler-Interaktion und ihrer Sozialisation, Frankfurt 1972

Rogers, C. R., *Client-centered therapy,* Boston 1965 – dt., Die klient-bezogene Gesprächstherapie, München 1973

Rose, A. M., Systematische Zusammenfassung der Theorie der symbolischen Interaktion. In: *Moderne amerikanische Soziologie:* Neuere Beiträge zur soziologischen Theorie, hrsg. von H. Hartmann, Stuttgart 1967, S. 219–231

Rosenthal, R., *Experimenter effects in behavioral research*, N. Y. 1966

Rosenthal, R.; Jacobson, L., *Pygmalion im Unterricht,* Weinheim 1971

Rumpf, H., *Die administrative Verstörung der Schule.* Essen 1960 (Neue pädagogische Bemühungen 30)

Rumpf, H., „Schuladministration und Lernorganisation. Vorschläge zur theoretischen Strukturierung eines ungeklärten Verhältnisses". *Die Dt. Schule*, 63 (1971) 3, S. 134–151

Scharmann, Th., „Experimentelle Interaktionsanalyse kleiner Gruppen". *Kölner Zt. f. Soziol. u. Sozialpsychol.*, (1962) 1, S. 139–154

Schäfer, K.-H.; Schaller, K., *Kritische Erziehungswissenschaft und kommunikative Didaktik*. Heidelberg 1971

Schein, E. H.; Bennis, W. G., *Personal and organizational change through group methods.*N. Y. 1967

Schelsky, H., *Schule und Erziehung in der industriellen Gesellschaft*. Würzburg 1957

Schmidt, L., Ist die Schulverwaltung rechtsstaatlich? In: *Schulreform oder der sogenannte Fortschritt*, hrsg. von J. Beck; K. Schmidt, Frankfurt 1971, S. 47–51

Schmuck, R., „Sociometric status and utilization of academic abilities". *Merrill-Palmer Quart.*, (1962) 8, S. 165–172

Schulenberg, W., Schule als Institution der Gesellschaft. In: *Handbuch pädagogischer Grundbegriffe,* Bd. II, hrsg. von J. Speck, G. Wehle, München 1970, S. 391–422

Schulgesetze:

– Bayern: Allg. Schulordnung. Bayerisches Staatsministerium für Unterricht und Kultus, München 1973
– Berlin: Schulgesetz für Berlin in der Fassung vom 13. 9. 66 und 27. 11. 1970. GVBl. S. 1915
– Hessen: Gesetz über die Unterhaltung und Verwaltung der öffentlichen Schulen und die Schulaufsicht vom 15. 7. 1970. In:

Hessische Schulgesetze, Amtsblatt des Hess. Kultusministers. Wiesbaden, Sept. 1972

– Schleswig-Holstein: Schulverwaltungsgesetz (SchulVG) in der Fassung vom 26. 3. 1971, Gesetz- und Verordnungsblatt für Schleswig-Holstein 1971, Nr. 6

Schuller, A. (Hrsg.), *Lehrerrolle im Wandel.* Weinheim 1971

Schulz, W., Soziologische Beiträge zum Lehren und Lernen in der Schule. In: *Schulorganisation und Unterricht*, hrsg. von W. Schulz; H. Thomas, Heidelberg 1967, S. 51–99

Sturm, G., „Die Schule im Rechtsstaat". *Recht der Jugend und des Bildungswesens*, 22 (1974) 1/2, S. 1–7

Süllwold, F.,Bedingungen und Gesetzmäßigkeiten des Problemlösungsverhaltens. In: *Ber. üb. d. 22. Kongr. d. DGfP* in Heidelberg 1959, hrsg. von H. Thomae, Göttingen 1960

Tausch, R.; Tausch, A.-M., *Erziehungspsychologie*, 6. Auflage, Göttingen 1971

Thelen, H. A., Work-emotionality theory of the group as organism. In: *Psychology*: A study of a science, Bd. III. Formulations of the person and the social context, hrsg. von S. Koch, N. Y. 1959, S. 544–611

Thelen, H. A., *Education and the human quest*, N. Y. 1960

Thibaut, J. W.; Kelley, H. H., *The social psychology of groups.* N. Y. 1959

Thompson, V. A., Hierarchie, Spezialisierung und organisationsinterner Konflikt. In: *Bürokratische Organisation*, hrsg. von R. Mayntz, Köln, Berlin 1968, S. 217–227

Tuckman, B. W., „Developmental sequence in small groups". *Psychol. Bull.*, 63 (1965), S. 384–399

Ulich, D., *Gruppendynamik in der Schulklasse*, München 1971

Watzlawick, P.; Beavin, H. H.; Jackson, D. D., *Menschliche Kommunikation*, Bern 1969

Weber, M., *Wirtschaft und Gesellschaft.* (Tübinger Jubiläumsausgabe o. J. Vollständiger Nachdruck der Erstausgabe von 1922)

Weinstein, E. A., The development of interpersonal competence. In: *Handbook of socialization theory and research*, hrsg. von D. A. Goslin, Chicago 1969, S. 753–775

Wellendorf, F., Formen der Kooperation von Lehrern in der Schule. In: *Zur Theorie der Schule*, hrsg. von C.-L. Furck, Weinheim 1969, S. 91–113

White, R., „Motivation reconsidered: the concept of competence". *Psych. Review*, 66 (1959) 5, 297–333